# Kompaktkurs Stricken

Viv Foster

# Kompaktkurs
# *Stricken*

Aus dem Englischen übersetzt
von Katja Lappe-Liebergesell

GONDROM

© Quantum Publishing Ltd, London 2004
© der deutschsprachigen Ausgabe: Gondrom Verlag GmbH, Bindlach 2006

Titel der englischen Originalausgabe: *Knitting Handbook*

Redaktion dieser Ausgabe: Melanie Hertel
Covergestaltung: Jarzina Kommunikations-Design, Köln
Umschlagfoto: mauritius images, Mittenwald

Bildnachweis: Jane Crowfoot: *All Stiched up*; Ruth Maria Swepson: *Designer Knits*; Lesley Stanfield, Melody Griffith: *The Enceclopedia of Knitting*; Lesley Stanfield: *The New Knitting Stich Library*; Betty Barnden: *Start Knitting*.

Alle Rechte vorbehalten:
Kein Teil dieses Werkes darf ohne schriftliche Einwilligung des Verlages in irgendeiner Form (Fotokopie, Mikrofilm oder ein anderes Verfahren) reproduziert oder unter Verwendung elektronischer Systeme verarbeitet, vervielfältigt oder verbreitet werden.

ISBN-10: 3-8112-2757-2
ISBN-13: 978-3-8112-2757-6

5 4 3 2 1

*www.gondrom-verlag.de*

# INHALT

EINLEITUNG . . . . . . . . . . . . . . . . . . . . . . . . . . . . 6

ZUBEHÖR UND MATERIALIEN . . . . . . . . . . . . . . 10

GRUNDTECHNIKEN . . . . . . . . . . . . . . . . . . . . . . 20

BIBLIOTHEK DER MASCHEN . . . . . . . . . . . . . . . . 84

RECHTS UND LINKS STRICKEN . . . . . . . . . . . . . 100

ZOPFMUSTER . . . . . . . . . . . . . . . . . . . . . . . . . 107

LOCH- UND NOPPENMUSTER . . . . . . . . . . . . . . 134

VERSCHRÄNKTE MASCHEN UND ANDERE MUSTER . . . . . . 146

STRICKEN MIT FARBEN . . . . . . . . . . . . . . . . . . 152

EIGENE ENTWÜRFE GESTALTEN . . . . . . . . . . . . 164

STRICKMODELLE . . . . . . . . . . . . . . . . . . . . . . 178

GLOSSAR . . . . . . . . . . . . . . . . . . . . . . . . . . . 220

REGISTER . . . . . . . . . . . . . . . . . . . . . . . . . . . 223

# EINLEITUNG

*Stricken ist die Kunst, aus einem praktisch durchgängigen Faden ein elastisches Gewebe zu erstellen. Die Oberfläche des Gewebes kann glatt oder plastisch strukturiert sein und die gestrickten Teile können flach oder schlauchförmig sein, gerade oder geformt, in einer unendlichen Vielzahl von Varianten. Für den Anfang müssen Sie lediglich wissen, wie man Garn und Stricknadeln hält, Maschen anschlägt und abkettet und wie man die zwei grundlegenden Maschenarten strickt: rechte und linke Maschen.*

Wenn Sie sich mit den Formen vertraut gemacht und verschiedene Techniken ausprobiert haben, können Sie im Kapitel „Stricken mit Farben" eine Mischung aus bewährten und neuen Strickmusteranleitungen finden. Stöbern Sie danach im Kapitel „Eigene Entwürfe gestalten", und lassen Sie sich dazu inspirieren, Ihre ganz individuellen Strickarbeiten zu erstellen.

Für den Anfang brauchen Sie lediglich ein Paar Stricknadeln und etwas Garn. Aber bevor die erste Masche angeschlagen wird, ist es hilfreich zu wissen, was Sie stricken möchten.

Natürlich können Sie Strickanleitungen kaufen. Man kann sie in Büchern oder in Zeitschriften, komplett mit Wolle oder als Lose-Blatt-Sammlungen der Garnhersteller erhalten. Aber Sie werden diese Strickanleitungen sicherlich bald umarbeiten – oder sogar Ideen für komplett neue eigene Muster haben.

Stricken ist in der heutigen schnelllebigen Zeit ein ideales Hobby: Die Strickarbeit kann beiseite gelegt und jederzeit wieder aufgenommen werden, sie kann überallhin mitgenommen werden und Sie brauchen wenig spezielles Zubehör.

Diese reichhaltig gemusterten Peruanischen Mützen sind neue Beispiele einer alten Tradition.

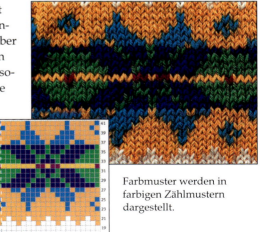

Farbmuster werden in farbigen Zählmustern dargestellt.

• EINLEITUNG •

• EINLEITUNG •

Die aktuell erhältlichen gröberen und dickeren Effektgarne sind ideal, da sie Strickanfängern ein schnelles Ergebnis ermöglichen, und die neue Generation der Mikrofasergarne ist unübertroffen im Tragekomfort und praktischen Gebrauch. Die verschiedenen Farben und Garnqualitäten der aktuellen Stilrich-

Ideen für Motive können überall gefunden werden – von alten Drucken bis hin zu antiken Textilien (Sehen Sie sich die Beispiele oben und auf der nächsten Seite an).

tungen und Muster wird Sie sicherlich inspirieren, die Stricknadeln in die Hand zu nehmen. Mit Hilfe dieses Buches werden Sie in der Lage sein, jede Strickanleitung leicht umzusetzen. Durch das Zusammenstellen eigener Farbkombinationen und das Hinzufügen Ihrer ganz individuellen Akzente können Sie bald einzigartige Kleidungsstücke für sich und Ihre Familie entwerfen.

Wenn Sie Ihre Handarbeitskenntnisse vertiefen und mit den Grundfertigkeiten vertrauter sind, werden Sie feststellen, dass Stricken nicht nur sehr beruhigend und erfüllend, sondern auch produktiv ist.

Genießen Sie die Farben und Strukturen, lassen Sie den Rhythmus der Stricknadeln auf Ihre Hände übergehen und beobachten Sie das Entstehen einer Strickarbeit in Ihren Händen.

Manche handgefertigten Strickereien sind widerstandsfähiger als andere, einige sind dichter, andere offener, manche dehnbar, manche ziehen sich zusammen. Daher sollte man sich bei der Auswahl des Garns und der Maschenart schon über die Verwendung dessen, was man strickt, im Klaren sein. In diesem Buch wurden unterschiedliche Garne verwendet, um Ihnen die Besonderheiten der verschiedenen Maschenarten zu zeigen. Aber Versuch und Irrtum sind immer noch der beste Weg, herauszufinden, ob eine Maschenart für einen bestimmten Zweck geeignet ist oder nicht. Lassen Sie Ihrer Fantasie freien Lauf – es gibt keine Regeln, die nicht gebrochen werden dürfen. Oft erweisen sich Fehler als glückliche Zufälle, und viele neue Strickmuster resultieren aus einem vorher misslungenen!

Die meisten Entwürfe in diesem Buch sind leicht nachzuvollziehen und umfangreiche Strickschriften beruhen eher auf Wiederholungen der Muster als auf Komplexität. Wagen Sie sich ruhig auch an ein größeres Projekt heran, auch wenn es komplex aussieht. Genießen Sie jeden einzelnen Schritt der Arbeit, ich wünsche Ihnen ein „frohes Stricken".

# ZUBEHÖR UND MATERIALIEN

*Sie brauchen keine komplizierte oder teure Ausrüstung, um Stricken zu lernen – lediglich Stricknadeln und Garn. Je weiter Sie sich einarbeiten, desto mehr Ausrüstungsgegenstände können Sie hinzunehmen und sich am Gebrauch der unterschiedlichen Garnsorten erfreuen.*

# Zubehör

Um mit unterschiedlichen Garnsorten und Maschenproben zu experimentieren, brauchen Sie Stricknadeln in verschiedenen Größen, eine Zopfnadel und ein Nadelspiel oder eine Rundstricknadel. Wenn Sie so weit sind, ein Kleidungsstück zu stricken, brauchen Sie ein Maßband oder ein Lineal, einen Maschenraffer, eine Schere, eine stumpfe Sticknadel oder Wollnähnadel und vielleicht noch das ein oder andere Utensil. Ein schönes Gefühl beim Stricken ist das durch die Finger gleitende Garn. Erleben Sie einmal ganz bewusst die große Bandbreite von Garnen – von fein und weich, bis hin zu grob und rau – aus synthetischen Mischungen oder Naturfasern.

## GRUNDAUSSTATTUNG

Stricknadeln sind eine Investition, denn Sie werden sie lange Zeit benutzen wollen. Gehen Sie sorgfältig mit Ihren Stricknadeln um, dann werden sie lange halten, aber wenn die Spitzen beschädigt oder die Nadeln verbogen sind, ist es Zeit, neue zu kaufen und die alten auszusortieren.

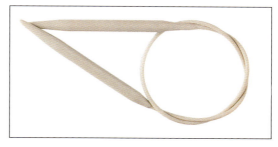

Rundstricknadel

Langstricknadeln gibt es in einer Vielzahl von Längen und Stärken, sie werden dazu verwendet, flache Strickarbeiten anzufertigen. Die Nadelstärke hängt von der Garnstärke und der erforderlichen Maschenprobe ab. Die Angabe der metrischen Stärke bezieht sich auf den Durchmesser der Nadel. Die Tabelle auf Seite 13 zeigt Ihnen metrische Größen und deren Entsprechung in amerikanischen und britischen Größen.

## NADELSPIELE

Mit Nadelspielen werden Strickarbeiten wie Socken oder Kniestrümpfe ohne Naht erstellt. Man kann sie in genau den gleichen Stärken kaufen wie Stricknadelpaare. Sie werden meist in Fünfer-Sets verkauft.

## RUNDSTRICKNADELN

Rundstricknadeln werden entweder anstelle von einem Stricknadelpaar oder von einem Nadelspiel verwendet. Eine Rundstricknadel besteht aus einem Paar kurzer Stricknadeln, die mit einem elastischen Plastikband verbunden sind. Es gibt sie in allen Stärken und auch in verschiedenen Längen. Es ist wichtig, dass beim Stricken von nahtlosen Strickarbeiten die richtige Länge verwendet wird.

### ZOPF- ODER HILFSNADELN

Zopfnadeln sind kurze, beidseitig spitze Stricknadeln, die zum Stricken von Zopfmustern verwendet werden. Sie werden in Zweier-Sets verkauft. Verwendet wird die Nadelstärke, die der Hauptnadel am nächsten liegt.

### NADELMASS

Mit dem Nadelmaß wird die Stärke einer Nadel bestimmt. Langstricknadeln haben oft die Nadelstärke aufgedruckt, aber Nadelspiele und Rundnadeln sind normalerweise nicht markiert.

### MASCHENRAFFER

Er wird verwendet, um einen Teil der Maschen stillzulegen, die von der Stricknadel genommen, aber nicht abgekettet werden. Ein Stück andersfarbigen Garns kann ebenfalls mit Hilfe eines Maschenraffers durch die Maschen gefädelt werden. Wenn nur einige wenige Maschen gehalten werden sollen, kann auch eine Sicherheitsnadel verwendet werden.

### WOLLNÄHNADEL

Wollnähnadeln werden zum Zusammennähen der fertig gestellten Strickstücke verwendet. Eine Wollnähnadel hat ein großes Nadelöhr und eine abgerundete Spitze.

### HÄKELNADEL

Häkelnadeln werden zum Aufnehmen von Fallmaschen oder zum Befestigen von Dekorationen, wie Quasten, verwendet.

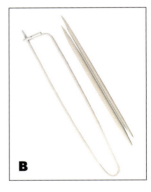

### ANDERE UTENSILIEN

Ein Maßband oder Lineal wird benötigt, um die entstehende Strickarbeit zu messen. Ein Reihenzähler hilft beim Nachhalten der Reihen während des Strickens. Er ist sehr hilfreich, wenn man mit Formteilen arbeitet. Aber natürlich ist die Verwendung von Papier und Bleistift ebenso gut.

**A** Häkelnadel

**B** Maschenraffer und Hilfsnadeln

## NADELSTÄRKEN

| Metrisch in mm | U.K. | U.S. |
|---|---|---|
| 2 | 14 | 00 |
| 2,25 | 13 | 0 |
| 2,5 | – | – |
| 2,75 | 12 | 1 |
| 3 | 11 | 2 |
| 3,25 | 10 | 3 |
| 3,5 | – | – |
| 3,75 | 9 | 4 |
| 4 | 8 | 5 |
| 4,5 | 7 | 6 |
| 5 | 6 | 7 |
| 5,5 | 5 | 8 |
| 6 | 4 | 9 |
| 6,5 | 3 | 10 |
| 7 | 2 | 10,5 |
| 7,5 | 1 | 11 |
| 8 | 0 | 12 |
| 9 | 00 | 13 |
| 10 | 000 | 15 |

Stricknadeln werden in einer Vielzahl von Längen hergestellt, von etwa 25 bis zu 40,5 Zentimeter. Die meisten Stricknadeln sind aus Aluminium gefertigt, meist mit einem muschelgrauen Überzug, manche sind aber auch vernickelt. Längere Nadeln sind aus Kunststoff hergestellt, um ihr Gewicht zu verringern. Bambusnadeln sind eine elastische Alternative.

Nadelspiele werden in Fünfer-Sets verkauft und in verschiedenen Längen angeboten. Sie wurden früher aus Stahl hergestellt, aber heute sind Aluminiumnadeln üblich – für einige Größen Bambus- oder Plastiknadeln.

Rundstricknadeln bestehen aus zwei kurzen Nadelenden, die mit einem flexiblen Nylon- oder Plastikband verbunden sind. Die Länge einer Rundstricknadel wird von Spitze zu Spitze gemessen. Die meisten Stärken haben eine Länge von 40,5 bis 119 Zentimetern. Am nützlichsten sind Maßbänder, die auf einer Seite sowohl eine Maßeinheit in Zentimeter als auch in Inch haben, falls Sie einmal ein englisches Muster stricken.

# Materialien

*Garne sind in einer Vielzahl von Farbschattierungen, Garnstärken und -strukturen erhältlich. Mit etwas Fantasie können Sie daraus modische Kleidungsstücke herstellen, die sie sonst nur in Zeitschriften sehen. Dennoch kann die Palette der Angebote auch verwirrend sein. Ein Teil der Verwirrung entsteht aus der Vielzahl von Begriffen, die verwendet werden, um die Garnstärke, den Spinnvorgang und die verschiedenen verwendeten Fasern bei der Herstellung von Strickgarnen zu beschreiben.*

## GARNSTÄRKE

Alle Strickanleitungen werden auf der Basis einer quadratischen Maschenprobe erstellt, die je nach Garnstärke (oder Lauflänge), Nadelstärke und Strickmuster variiert. Die Maschenprobe für eine Strickarbeit besteht aus der Anzahl der Maschen und Reihen, die Sie stricken müssen, um ein Quadrat einer bestimmten Größe zu erhalten.

Meist wird sie nur benötigt, um eine genaue Angabe der Garnstärke verschiedener Garnsorten zu haben, wenn Sie ein Garn durch ein anderes ersetzen möchten oder verschiedene Garne in einem Kleidungsstück verwenden wollen – zum Beispiel beim Stricken von Streifen. Der einzig sichere Weg, wenn Sie beabsichtigen mit mehreren Garnen zu arbeiten, ist das Anfertigen einer Maschenprobe mit dem gewählten Garn und das Überprüfen dieser Maschenprobe mit der des Originalgarns.

Es gibt einige Begriffe, die die Garnstärke angeben, aber sie sind oft ungenau und von Hersteller zu Hersteller verschieden. Besser ist die Beurteilung eines Garns nach einer gestrickten Maschenprobe und nicht nach einer bestimmten Stärke. Garnspinnereien geben oft die empfohlene Maschenprobe und Nadelstärke auf der Banderole des Wollknäuels an.

Auf der nächsten Seite sind einige der gebräuchlichsten Begriffe für die Beschreibung der Garnstärken gemeinsam mit den ungefähr entsprechenden Maschenproben aufgeführt. Dennoch können innerhalb jeder Gruppierung die empfohlenen Maschenproben sehr unterschiedlich sein. Alle im Folgenden angegebenen Maschenproben beziehen sich auf ein Quadrat von 10 Zentimetern, das glatt-rechts-gestrickt wurde.

**Aran-Stärke** (auch dreifach-gestärkt oder Sportwolle genannt): 18 M und 24 R mit 4,5-mm-Nadeln.

**Mohair-Stärke:** 16 M und 22 R mit 5,5-mm-Nadeln. Allerdings stricken sich manche Mohairgarne eher wie Doppelstrick oder Chenille.

**Chenille**: 14 M und 22 R mit 6,5-mm-Nadeln.

Einige Wollarten sind sogar dicker als Chenille, aber sie kommen nur vereinzelt vor. Sollten Sie keine genau entsprechende Maschenprobe erhalten

## BEGRIFFE
### DER GARNSTÄRKEN

- 2-fädig: 36 M und 44 R auf 2,75-mm-Nadeln

- 3-fädig: 32 M und 40 R auf 3,0-mm-Nadeln

- 4-fädig: 28 M und 35 R auf 3,25-mm-Nadeln

- Schnellstrick: 26 M und 32 R auf 3,75-mm-Nadeln

- Doppelstrick: 24 M und 30 R auf 4,0-mm-Nadeln

## FILAMENTE

Filamente sind sehr lange Einzelfasern. Synthetische Fasern können in jeder Länge hergestellt werden, aber sie werden für gewöhnlich in kürzere Stapellängen geschnitten, bevor sie zu Handstrickgarn gesponnen werden. Die einzige natürliche Filamentfaser ist Seide.

## ROHWOLLE

Sie hat vergleichsweise kurze Fasern. Damit aus ihnen ein Garn entsteht, das zum Stricken verwendet werden kann, müssen sie zu einem fortlaufenden Strang der gewünschten Stärke verdreht werden. Dieser Strang wird als Einfachgarn bezeichnet. Es wird für gewöhnlich mit anderen zusammen verdreht, das wird „drehen" oder „zwirnen" genannt. Daher kommen die Begriffe „2-fädig", „3-fädig"..., um die Anzahl der miteinander verdrehten Einfachgarne (oder eine andere Stärke) anzugeben. Der Arbeitsschritt des Verdrehens, der dazu dient, Garne herzustellen, wird „spinnen" genannt.

Im Folgenden finden Sie einige Begriffe für die verschiedenen Arten des Garnspinnens.

**Bouclé** ist ein noppiges Garn, das entsteht, wenn ein Faden oder mehrere feine, feste Fäden mit einem dickeren weicheren versponnen werden. So entsteht ein unregelmäßiges Zufallsmuster über die ganze Länge des Garns.

**Gekämmte Garne** werden aus langstapeligen Fasern erstellt, die gekämmt werden können, damit das Garn flauschiger wird.

können, verwenden Sie stattdessen keine anderen Garne, da dicke Garne bei Abweichungen von der Maschenprobe eine größere Differenz in der Größe der fertigen Strickarbeit verursachen als feine Garne.

## GARNSPINNEREI

Garne werden aus natürlichen und künstlich hergestellten Fasern verschiedener Längen hergestellt. Es gibt zwei Begriffe zur Beschreibung dieser Längen.

**Chenille** wird aus feinen, festen Fäden hergestellt, die mit anderen weicheren Fasern versponnen werden. Diese Fasern werden an dem ersten Faden verankert und stehen dann seitlich davon ab.
**Crepe** ist ein sehr stark gedrehtes Garn.
**Gimpe** (Friségarn) ist eine Variante des Bouclégarns mit einem etwas gleichmäßigeren Faden.
**Loop** ist eine weitere Variante des Bouclégarns. Die Knötchen bestehen aus kleinen Garnschlingen.
**Lopi** ist ein dickeres Einfachgarn. Es ist nicht sehr fest.
**Dochtgarn** ist ein unebenmäßig dickes Garn, das dadurch entsteht, dass abwechselnd fest und locker gesponnen wird.
**Spiral-Garn** ist ein sehr straffes und feines Core-Garn, das von einem dickeren Faden umsponnen ist, sodass der Kernfaden ganz verborgen ist.
**Kammgarn** ist ein glattes Garn, bei dem alle Fasern relativ lang sind und parallel zueinander verlaufen. Die meisten Strickgarne sind gekämmt.

## GARNFASERN

Handstrickgarne werden aus einer Vielzahl von sowohl natürlichen als auch synthetischen Fasern hergestellt. Manchmal werden diese auch aus Gründen der Festigkeit oder des Erscheinungsbildes kombiniert, um Mischfasergarne herzustellen. Jede einzelne Faser, ob synthetisch hergestellt oder natürlich, hat ihre Vor- und Nachteile.

## NATURFASERN

Wolle wird aus dem Vlies eines Schafes gewonnen. Es gibt sie in einer Vielzahl von Güteklassen, abhängig von der Rasse des Schafes, seiner Verfassung, dem Klima, in dem es aufgezogen wurde. Qualitativ hochwertige Wolle hat einen kurzen Stapel, ist aber nicht so reißfest oder elastisch wie die minderwertigeren Qualitäten.
**Lammwolle** ist sehr weich und fein, es ist die Wolle vom ersten Scheren.

## DIE VORTEILE VON WOLLE

Wolle hat gute isolierende Eigenschaften, ist saugfähig, formstabil und strapazierfähig.

## DIE NACHTEILE VON WOLLE

Wolle kann einlaufen, jucken und braucht lange zum Trocknen. Andere Garne der Wollfaserarten, die aus dem Vlies von Tieren stammen, sind:
**Alpaka** stammt von dem Alpaka und dem Lama. Es ist eine leicht seidige Faser, aber die billigeren Alpakagarne können sehr stark jucken.
**Angora** stammt von dem Vlies des Angorakaninchens und ist weich und flauschig, aber nicht sehr fest. Angora wird in der Regel während des Spinnens mit Wolle gemischt, um das Garn stärker zu machen.
**Kaschmir** stammt von Ziegen aus der Kaschmirregion des Himalaya. Das Garn ist sehr weich, warm und leicht. Aber es ist sehr teuer und nicht besonders reißfest.
**Mohair** stammt von einer Ziegenrasse.

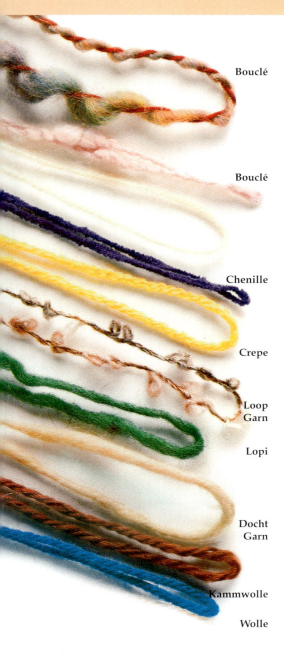

Bouclé

Bouclé

Chenille

Crepe

Loop Garn

Lopi

Docht Garn

Kammwolle

Wolle

Da sie teuer sind, werden die meisten Mohairgarne mit anderen Fasern gemischt. Das klassische, flauschige Aussehen von Mohair stammt vom Kämmen. Mohair kann sehr jucken.
**Seide** ist die einzige natürliche Filamentfaser und wird aus den Kokons verschiedener Seidenraupen gewonnen. Es ist eine sehr feste Faser mit einer glatten, schimmernden Oberfläche – wärmend im Winter, kühlend im Sommer. Sie lässt sich auch gut mit anderen Fasern mischen. Die Kokons werden von Hand abgehaspelt – deshalb ist sie sehr teuer. Gesponnene Seide, die aus Bruchstücken dieses Filaments gemacht wird, ist günstiger.
**Tussahseide** oder Wildseide wird aus wildlebenden Seidenraupen gewonnen, sie lässt sich nicht färben und bleichen, daher wird sie oft in ihrem natürlichen braunen Farbton verwendet. Es ist ein grobes, ungleichmäßiges Garn.
**Baumwolle** stammt aus den Stapelfasern der Samen einer Baumwollpflanze. Qualitativ hochwertige Baumwolle, die aus den langen Stapeln gemacht wird, ist sehr weich, fest und teuer. Obwohl sehr fest, besitzt Baumwolle dennoch wenig Elastizität. Sie ist aber sehr gut für Sommerkleidung zu verwenden, da sie Wärme gut leitet. Baumwolle wird manchmal mit anderen Fasern wie Wolle gemischt.
**Leinen** wird aus den langen Bastfasern der Flachspflanze hergestellt. Es ist viel fester als Baumwolle, besonders wenn es nass ist, besitzt aber ebenfalls wenig Elastizität. Aufgrund seiner von Natur

• VOR- UND NACHTEILE VON WOLLE •

aus unebenen Fasern sind Leinenstrickgarne meistens mit kleinen Verdickungen versehen. Leinen kann einlaufen.
**Viskose** wird aus der Zellulose von Holzschliff hergestellt. Strickgarne aus Viskose glänzen und werden aus diesem Grund oft als Ersatz für Seide verwendet. Viskose ist relativ empfindlich und muss daher vorsichtig gewaschen werden. Sie besitzt wenig Elastizität. Der Vorteil ist aber, dass Viskose ein relativ schweres Garn ist und Kleidungsstücke aus Viskose daher gut anliegen.

**Nylon** (oder auch Polyamid) ist ein synthetisches Garn, das auf der Basis von Erdölchemikalien hergestellt wird. Es ist sehr fest und elastisch, aber bei hohen Temperaturen nicht sehr angenehm zu tragen. Wird es mit anderen Fasern vermischt, ist Nylon vielseitig verwendbar.

**Acryl** wird aus einer Kunststoffart hergestellt. Acrylgarn wird auch Polyacrylgarn genannt. Es wird oft als Ersatz für Wolle verwendet, neigt aber dazu, die Form zu verlieren. Beim Waschen ist Vorsicht geboten, da Acrylkleidungsstücke leicht einlaufen.

**Polyester** ist eine synthetische Faser, ähnlich wie Nylon, aber weniger glänzend. Es ist einigermaßen fest und elastisch und läuft nicht leicht ein.

## UNGEWÖHNLICHE GARNE

Strickgarn kann jedes Material sein, das länger ist als breit. Theoretisch ist es möglich, mit langen Metalldrahtstücken, Nähgarn oder ähnlichem zu stricken, aber Kleidungsstücke aus diesen Substanzen wären natürlich überhaupt nicht praktisch.

Das Wichtigste beim Entwerfen eigener Modelle ist die Fähigkeit, alle Regeln zu brechen und dennoch ein Kleidungsstück mit den erforderlichen richtigen Proportionen anzufertigen. Es sollte elastisch genug sein, seine Form behalten und es sollte waschbar und bequem sein.

Es ist auch möglich eigene Garne zu kreieren, indem zwei oder mehrere verschiedene Garne zusammengestrickt

---

### IDEEN
### FÜR KREATIVE ENTWÜRFE

Knoten oder nähen Sie verschiedene Längen von Stoffen aneinander: zum Beispiel Chiffon, Tweed, Lurex, Fell, Leder, Schaumstoff, Aluminiumfolie, Sackleinwand, PVC oder Vliesstoffe.

Schrägband, Schleifenband, Spitze, Fransenband und andere gekaufte Bänder.

Plastikschlauch, Gartenschnur, Kettenstücke und andere Gegenstände, die man in Haushaltsgeschäften finden kann.

Bunte Geschenkbänder, Lametta etc.

werden oder indem kleine Deko-Objekte entlang des Garns befestigt werden und diese sich dann während des Strickens auf der Vorderseite der Strickarbeit befinden. Das wird häufig mit Strasssteinen und Perlen gemacht, aber es könnte auch mit Muscheln, selbst gemachten Ton- oder Acrylformen, Knöpfen und ähnlichem probiert werden. Sie können auch Ihr eigenes Bouclégarn entwerfen, indem Sie ein Garn mit Knoten versehen. Beim Verarbeiten der Garne sollten Sie nicht nur verschiedene Farben, sondern auch verschiedene Garntexturen ausprobieren, zum Beispiel Chenille-Garn mit Viskose oder Seide mischen, Baumwoll-Bouclé mit Mohair oder Babywolle mit Lurex.

Diese ungewöhnlicheren Garne können Sie mit jeder Nadelstärke stricken, sofern das fertige Werk einigermaßen fest ist, sodass das Kleidungsstück seine Form gut behält. Sie müssen natürlich Ihre eigene Musteranleitung schreiben, um solch ein Garn zu verwenden.

## WASCHEN VON WOLLE

Befolgen Sie die Anleitungen, die auf der Banderole der verwendeten Wolle aufgeführt sind, genau. Haben Sie mit zwei oder mehr Garnen gestrickt, sollten Sie die Waschinformation des Garns mit der niedrigsten Temperaturangabe fürs Waschen und Bügeln befolgen.

Wenn Sie Ihr eigenes Garn kreiert haben oder in Bezug auf die Proportionen des Kleidungsstücks nicht sicher sind, waschen Sie erst die Maschenprobe, um zu sehen, wie die Wolle reagiert.

Einige Kleidungsstücke können Sie nur chemisch reinigen lassen, aber die meisten können in kaltem Wasser gewaschen werden. Bügeln Sie die Kleidungsstücke nicht, wenn Sie sich unsicher sind.

Nach dem Waschen sollte Gestricktes flach getrocknet werden, damit es seine Form behält.

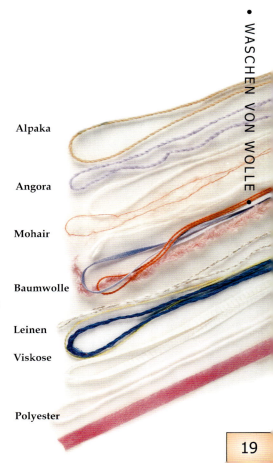

Alpaka

Angora

Mohair

Baumwolle

Leinen

Viskose

Polyester

# Grundtechniken

*Dieses Kapitel stellt Ihnen alle notwendigen Grundlagen des Strickens vor. Arbeiten Sie alle Schritte langsam und sorgfältig durch. Sie lernen, wie die Nadeln gehalten, wie Maschen aufgenommen und verschiedene Maschenkombinationen gestrickt werden. Sie werden mit viel Spaß den bequemsten, schnellsten und angenehmsten Weg entdecken, Ihre Strickkünste zu beginnen.*

# Die Fadenhaltung

*Es gibt verschiedene Methoden, Garn und Nadeln zu halten und zu führen. Probieren Sie aus, welchen Variante Ihnen zusagt. Schauen Sie sich auf den unteren Abbildungen an, wie der Faden – bereit für das Stricken einer Masche – bei jeder Fadenhaltung über dem Zeigefinger liegt.*

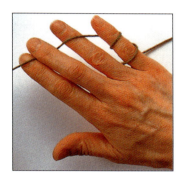

Um den Faden gleichmäßig auf die Stricknadel zu geben, lassen Sie ihn über und um ihre Finger laufen. Die Fingerkuppen bleiben frei, damit Sie die Nadeln bewegen und den Faden führen können.

Die einfachste Methode (o. links) ist die, den Faden über und unter die Finger der rechten Hand zu führen.

Wickeln Sie den Faden um den kleinen Finger, sodass er gespannt ist (o. rechts).

Wenn Sie den Faden in der linken Hand halten wollen, führen Sie ihn ebenfalls über, unter und um die Finger (u. links). Oder Sie wickeln ihn zuerst um den kleinen Finger und dann unter und über die anderen Finger (u. rechts).

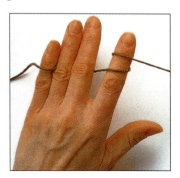

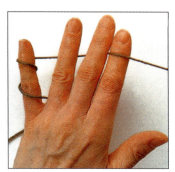

• FADENHALTUNG •

# Haltung der Stricknadeln

*Manche halten die rechte Stricknadel wie einen Stift. Andere halten sie in der gestreckten Hand wie ein Messer. Wird die Stricknadel frei wie ein Stift gehalten, können die Nadeln so kurz wie möglich sein, und das Gewicht des Gestrickten auf der rechten Nadel wird von der Hand und dem Handgelenk mitgetragen. Wird die Nadel fester gehalten, werden lange Nadeln verwendet.*

Als Anfänger folgen Sie den einzelnen Arbeitsschritten und verwenden eine mittlere Nadelstärke und ein glattes, halbschweres reines Wollgarn.

### FIXIERTE STRICKNADEL

Nehmen Sie die Nadel mit der rechten Hand auf, halten Sie sie wie ein Messer und klemmen Sie den hinteren Teil der Nadel unter den Arm. Nehmen Sie die andere Nadel in die linke Hand, halten Sie sie leicht über der anderen. Üben Sie die Bewegung der linken Nadel zur rechten Nadel. Sobald Sie mit dem Stricken beginnen, werden Sie feststellen, dass Sie die Nadeln mit jeder Masche etwas mehr loslassen können.

### FREIE STRICKNADEL

Nehmen Sie die Nadel mit der rechten Hand auf, halten Sie sie wie einen Stift. Nehmen Sie die andere Nadel in die linke Hand, halten Sie sie mit der Hand leicht über der anderen. Versuchen Sie mit den Fingerspitzen die Nadeln vor und zurück zu bewegen, die Ellbogen bleiben entspannt am Körper. Wenn Sie Maschen anschlagen und mit dem Stricken beginnen, wird die rechte Nadel nicht bewegt, um den Faden zu führen, sondern liegt — von der Daumenbeuge gestützt — in der Hand. Der Faden wird vom Zeigefinger geführt.

### MIT DER LINKEN HAND STRICKEN

Nehmen Sie die Nadel mit der rechten Hand auf, halten Sie sie wie einen Stift. Nehmen Sie die andere Stricknadel in die linke Hand. Während des Strickens wird der Faden von der linken Hand gespannt, während die Spitze der rechten Nadel den Faden einhakt oder einfängt.

# Der Maschenanschlag

*Der erste Schritt ist das Anschlagen einiger Maschen. Dieser Abschnitt zeigt Ihnen einige der für den Maschenanschlag geläufigsten Methoden.*

Der Zopfanschlag mit zwei Nadeln lässt einen festen Rand mit einer seilartigen Verschränkung entstehen. Beim Daumenanschlag wird nur eine Nadel verwendet. Er lässt sich aufgrund seiner Elastizität gut für Rippenmuster verwenden. Wenn er kraus-rechts-gestrickt wird, kann er vom Rest der Strickarbeit nicht mehr unterschieden werden, da er als rechte Reihe erscheint. Der Luftmaschenanschlag wird ebenfalls mit nur einer Nadel gestrickt.

## SCHLINGKNOTEN

Eine auf die Nadeln geknotete Schlinge ist die erste Masche des Anschlags. Dazu wird der Faden um die Finger gewickelt oder flach hingelegt.

> **TIPP**
>
> Ein weniger robuster Anschlag entsteht, wenn Sie mit der Nadel in die Maschen stricken statt zwischen die Maschen. Diese Art von Rand empfiehlt sich bei einem Saum.

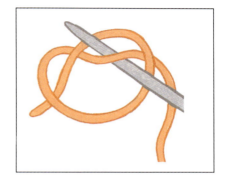

**1** Wickeln Sie den Faden zu einer Schlinge, holen Sie den unteren Strang nach vorn, wobei Sie die Stricknadel wie oben abgebildet einstechen.

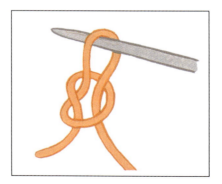

**2** Ziehen Sie den Knoten fest, dann sacht am anderen Ende des Fadens, um den Knoten fest um die Stricknadel zu schließen. Nun können Sie mit dem Maschenanschlag beginnen.

## ZOPFANSCHLAG

Hierbei wird eine Masche gestrickt und dann von der rechten auf die linke Stricknadel geschoben.

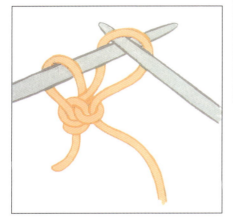

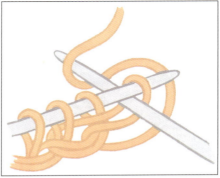

2 Von nun an stechen Sie mit der rechten Nadel zwischen die Maschen. Schieben Sie jede neue Masche wie bisher auf linke Nadel.

1 Lassen Sie ein kurzes Stück Faden frei und knoten einen Schlingknoten auf eine Nadel. Halten Sie diese in der linken Hand und stechen die andere Nadel von vorn durch den Knoten. Wickeln Sie den Faden um die rechte Nadel und ziehen eine Masche durch, dann schieben Sie diese auf die linke Nadel.

## LUFTMASCHEN-ANSCHLAG

Spannen Sie den Anschlagfaden sorgfältig. Lassen Sie ein kurzes Stück Faden frei und knoten einen Schlingknoten auf eine Nadel. Spannen Sie den Faden in der linken Hand und wickeln ihn in einer Schlinge um den Daumen. Fassen Sie mit der Nadel in die Schlinge, nehmen den Daumen heraus und ziehen am Faden, um eine Masche aufzuschlingen.

## DAUMENANSCHLAG

Bei dieser Methode stricken Sie einfach jede Masche vom Daumen ab.

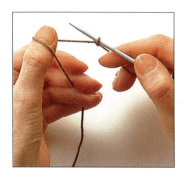

1 Messen Sie vom Fadenende dreimal die Länge des gewünschten Randes ab und knoten den Faden an die Nadel. Halten Sie Nadel und Faden vom Knäuel in der rechten Hand.

2 Spannen Sie mit der linken Hand das andere Ende des Fadens, schlingen Sie den Faden um ihren Daumen und fassen Sie mit der rechten Nadel in die Schlinge.

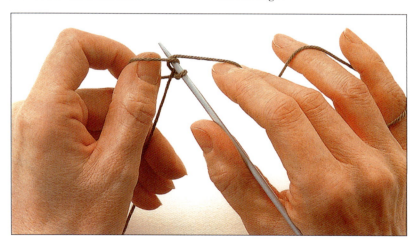

3 Legen Sie den Faden um die Nadel und ziehen Sie die Schlinge durch, um eine Masche anzuschlagen. Ziehen Sie am Ende des Fadens, um die Masche festzuziehen. Wiederholen Sie dies, bis Sie die erforderliche Anzahl von Maschen (einschließlich des Anfangsknotens) aufgenommen haben.

• ANSCHLAG •

# Rechte Maschen

*Wenn Sie den Daumenanschlag beherrschen, sind Sie mit dem Stricken von rechten Maschen – der einfachsten Maschenart – schon sehr vertraut.*

## KRAUS-RECHTS-STRICKEN

Wenn Sie jede Masche jeder Reihe rechts stricken, ist das Ergebnis kraus-rechts-gestrickt. Wird es locker gestrickt, erhalten Sie ein weiches und dehnbares Strickstück.

Stricken Sie es fest, liegt das Gestrickte flach auf, daher ist diese Art gut für für Bänder und Bordüren geeignet. Kraus-rechts ist so elastisch, dass die Maschen sich in die Breite ziehen, während die Reihen eine fast quadratische Maschenprobe bilden.

## STRICKEN EINER RECHTEN MASCHE

Halten Sie Garn und Stricknadeln auf die Art, die Ihnen am angenehmsten ist.

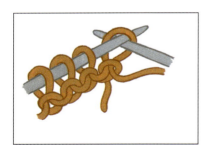

**1** Stechen Sie mit der rechten Nadel in die erste Masche der linken Nadel. Die Nadel muss von vorne links nach hinten rechts gestochen werden.

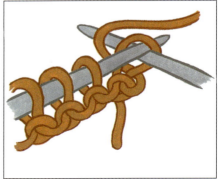

**2** Halten Sie den Faden hinter der Arbeit, holen ihn von unten nach oben.

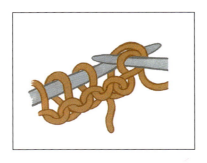

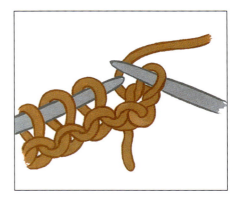

**3** Verwenden Sie die Spitze der rechten Nadel, um den Faden in einer Schlinge durch die Masche zu ziehen.

**4** Heben Sie die Masche von der linken Nadel ab. Nun haben Sie eine neue Masche auf der rechten Nadel.

## STRICKEN EINER REIHE

Stricken Sie weitere Maschen auf der rechten Nadel auf, bis alle Maschen der linken Nadel verarbeitet sind. Nehmen Sie dann die Nadel mit den Maschen in die linke Hand, um die nächste Reihe zu stricken. Sie werden feststellen, dass die Bewegungen fließend von der Hand gehen, sobald Sie etwas Übung haben.

### PROFI-TIPP

Es ist gut, die Bewegungen zu üben. Falls Sie Linkshänder sind, versuchen Sie, die Anleitungen wie angegeben zu befolgen. Wenn Sie die Abeitsschritte umkehren, können Probleme bei der Nacharbeitung von Musteranleitungen und Strickschriften entstehen.

• RECHTE MASCHEN •

# Linke Maschen

*Für viele andere Strickmuster müssen Sie auch linke Maschen kennen. Linksstricken ist nicht schwer – stellen Sie es sich einfach als Gegenstück zum Rechtsstricken vor.*

## STRICKEN EINER LINKEN MASCHE

Faden und Nadeln werden so gehalten wie bei einer rechten Masche.

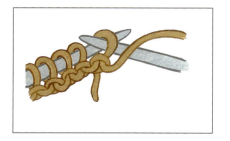

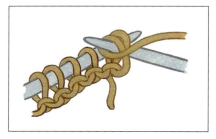

**1** Stechen Sie mit der rechten Nadel in die erste Masche der linken Nadel. Die Nadel muss von rechts nach links in die Masche gestochen werden.

**2** Halten Sie den Arbeitsfaden vorn und schlingen Sie ihn um die rechte Nadel.

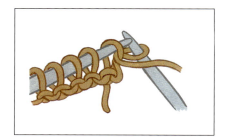

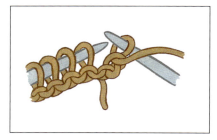

**3** Senken Sie die Spitze der rechten Nadel und ziehen Sie sie von sich weg, um eine Fadenschlinge durch die Masche zu ziehen.

**4** Heben Sie die Masche von der linken Nadel. Nun haben Sie eine neue Masche auf der rechten Nadel.

## GLATT-RECHTS-STRICKEN

Die bekannteste Kombination ist das Glatt-rechts-Stricken. Es ist sehr einfach – es wird abwechselnd eine Reihe rechts und links gestrickt.

> **PROFI-TIPPS**
>
> Ein weniger fester Maschenanschlag entsteht, wenn man mit der Nadel in die Masche statt zwischen die Maschen sticht. Diese Art von Anschlagsrand eignet sich als Saum.
>
> Um die Anzahl der glatt-rechts-gestrickten Reihen zu erhalten, zählen Sie die Rippen auf der Rückseite. Bei kraus-gestrickten werden für jede Rippe zwei Reihen gezählt.

• LINKE MASCHEM •

## GLATT-LINKS-STRICKEN

Die rechte Seite des Glatt-rechts-Gestrickten ist eben und die andere Seite ist kraus. Ist die krause Seite die Vorderseite, wird das glatt-links-gestrickt genannt.

# Abketten von Maschen

*Das Abnehmen – auch Abketten genannt – verbindet Maschen so, dass ein sauberer Rand entsteht, der sich nicht auflöst.*

Neben der Grundtechnik des Abkettens gibt es auch noch einfache Varianten. Das Abketten durch Überziehen ist die einfachste und meist verwendete Methode. Das Abketten durch Zusammenstricken ist weniger bekannt, es bildet einen sehr glatten Abschluss. Mit einer Häkelnadel wird das Abketten bei glatten Garnen oder engen Maschen vereinfacht.

Die folgenden Bilder zeigen das Abketten auf der rechten Seite eines glattrechts-gestrickten Stücks. Sie können aber auch auf der linken Seite oder im Rippenmuster abketten, je nach Strickmuster.

## ÜBERZIEHEN

Indem eine Masche über die andere gezogen wird, entsteht eine Kettenreihe entlang des oberen Randes der Strickarbeit auf der Seite, auf der abgekettet wird.

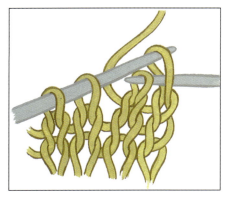

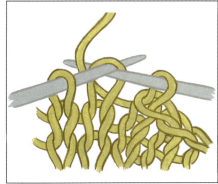

**1** Stricken Sie die ersten beiden Maschen. Benutzen Sie die Spitze der linken Nadel, um die erste dieser Maschen über die zweite Masche zu ziehen und von der Nadel zu nehmen.

**2** Stricken Sie die nächste Masche, sodass wieder zwei Maschen auf der rechten Nadel sind, dann heben Sie die erste über die zweite. Wiederholen Sie das, bis eine Masche übrig ist. Zertrennen Sie den Faden, ziehen Sie ihn durch die Masche und fest.

## ZUSAMMENSTRICKEN

Diese Art des Abkettens bildet keine Kettenreihe, daher kann man sie gut für Ränder verwenden, die später zusammengenäht werden.

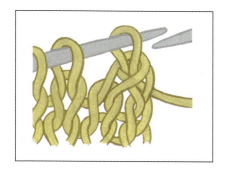

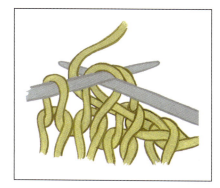

**1** Stricken Sie die ersten beiden Maschen zusammen, dann heben Sie die geradegestrickte Masche wieder auf die linke Nadel.

**2** Stricken Sie die ersten beiden Maschen der linken Nadel zusammen – die gerade gestrickte mit der nachfolgenden. Heben Sie die gerade gestrickte Masche auf die linke Stricknadel. Wiederholen Sie dies, bis nur noch eine Masche übrig ist. Zertrennen Sie den Faden, ziehen Sie ihn durch die Masche und dann fest.

## ABHÄKELN

Diese Art des Abkettens kann locker oder fest sein, je nach der Festigkeit der gehäkelten Luftmaschen.

Halten Sie den Faden in der linken Hand. Heben Sie die erste Masche auf die Häkelnadel. Stechen Sie mit der Häkelnadel durch die nächste Masche, holen den Faden ein und ziehen ihn durch beide Maschen. Wiederholen Sie das, bis eine Masche übrig ist. Zertrennen Sie den Faden, ziehen ihn durch die Masche und dann fest.

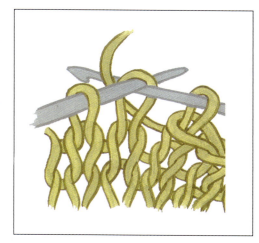

# AUFNEHMEN VON FALL-MASCHEN

*Ab und an fallen Maschen von der Stricknadel und müssen wieder aufgenommen werden, damit keine Leiter (Laufmasche) entsteht. Ist die Masche nur über ein oder zwei Reihen gefallen, können Sie sie mit den Stricknadeln aufnehmen. Ist sie über mehrere Reihen gefallen, kann man sie mit einer Häkelnadel aufnehmen.*

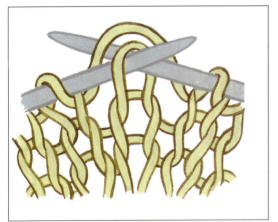

1 Wenn die Masche ein oder zwei Reihen gefallen ist, heben Sie den Querfaden hinter der gefallenen Masche auf die Nadel. Benutzen Sie die linke Nadel, um die Masche über den Faden zu ziehen, und heben Sie die neue Masche wieder auf die linke Nadel. Achten Sie darauf, dass die Masche in der richtigen Richtung auf der Nadel liegt.

2 Wenn die Masche über eine große Anzahl von Reihen gefallen ist, stechen Sie die Häkelnadel von vorn durch die gefallene Masche, holen Sie den Faden ein und ziehen Sie ihn durch die Masche, damit eine neue Masche entsteht. Schieben Sie die letzte Masche auf die linke Nadel. Jeder Strang der Leiter ist eine Reihe, von daher müssen Sie alle Stränge durcharbeiten.

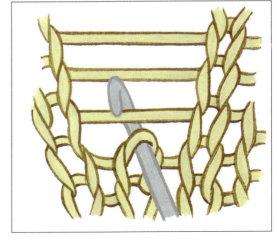

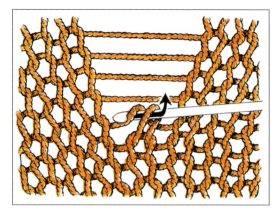

## AUFNEHMEN EINER RECHTEN MASCHE

Fassen Sie mit der Häkelnadel von vorne durch die gefallene Masche. Holen Sie den ersten der Querfäden ein und ziehen Sie ihn durch die Masche, sodass eine neue Masche entsteht. Wiederholen Sie dies über die ganze Länge der Leiter, die letzte Masche heben Sie wieder auf die Nadel.

## AUFNEHMEN EINER LINKEN MASCHE

Eine linke Masche kann ganz einfach aufgenommen werden, indem Sie dieselben Arbeitsschritte ausführen bei rechten Maschen. Fassen Sie mit der Häkelnadel von der Vorderseite der Masche – also von der Rückseite der Strickarbeit – durch das Gestrickte und durch die Masche. Holen Sie den Querfaden, der vor der Strickarbeit liegt, mit dem Haken heran und ziehen Sie ihn durch die Masche. Die Masche ist nun verschränkt, also muss der Haken aus der Masche gezogen werden und erneut eingestochen werden, um den Vorgang über die ganze Länge der Leiter wiederholen zu können.

Wenn ein Abschnitt fertig ist, müssen die Maschen so von der Nadel genommen werden, dass die Maschen der letzten Reihe nicht fallen und „Leitern" bilden können – das wird Abketten genannt. In den meisten Fällen sollte der abgekettete Rand fest sein, aber manchmal muss der Rand locker sein. Um ein lockeres Abketten zu erreichen, können die Maschen sehr locker gearbeitet sein oder eine dickere Nadel verwendet werden. Wird mit Garnen gestrickt, die einen sehr dünnen Kernfaden haben, wie Mohair, ist es wichtig, dass nicht zu fest abgekettet wird, da dies die Form des Kleidungsstücks ruinieren kann. Normalerweise sollte der abgekettete Rand sich weder zusammenziehen noch nach außen biegen.

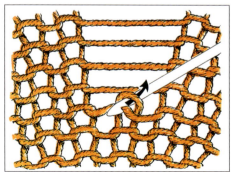

# Formen von Strickteilen

*Nach den Grundtechniken erfahren Sie, wie Sie Strickteile in Form stricken, den Anleitungen folgen und Ihre Strickarbeit vernähen können.*

Wenn Sie geformt stricken, macht eine Zunahme von Maschen ihre Strickerei breiter und eine Abnahme schmaler. Mit Zu- und Abnahmen können Sie auch Strickmuster entwerfen.

Befolgen Sie die Anleitungen Schritt für Schritt, dann werden Sie keine Verständnisschwierigkeiten haben.

Strickschriften sind klare Erläuterungen von Strickmustern und einfach zu benutzen, wenn Sie einmal verstanden haben, wie sie funktionieren. Sie werden merken, dass das Geheimnis eines wunderschönen Kleidungsstücks in einer korrekt gestrickten Maschenprobe liegt und darin, die beste Art zur Ausarbeitung der Strickstücke zu kennen.

## EINFACHES FORMEN

Man kann während des Strickens gleichzeitig formen. Mit Zu- und Abnahmen einzelner Maschen formt man Ärmel, Arm- und Halsausschnitte. Sie können sowohl praktisch als auch dekorativ sein. Bei sichtbar geformten Teilen werden Zu- und Abnahmen innerhalb der Formteile einige Maschen vom Rand entfernt gestrickt, sodass sie Teil des Musters werden. Eine Strickarbeit kann auch innerhalb einer Reihe geformt werden. Zum Beispiel können Maschen am oberen Rand eines Rippenmusters zu- oder abgenommen werden.

Bei diesem mit sichtbaren Schrägen gearbeiteten Formteil sieht es so aus, als ob die diagonale Zunahme zwei Maschen vom Rand entfernt gestrickt wurde.

### PROFI-TIPP

Sollte das Abketten durch Überzug besonders um den Halsrand einen zu festen Rand bilden, ketten Sie die Maschen mit einer dickeren Stricknadel (eine oder mehrere Stärken größer) ab.

# Zunehmen

*Während des Strickens müssen ab und zu Maschen hinzugefügt werden; entweder am Rand oder an einer Stelle innerhalb einer Reihe. Wenn Sie Ihre eigenen Kleidungsstücke entwerfen wollen, müssen Sie die verschiedenen Methoden kennen, um die jeweils richtige Art an der richtigen Stelle zu verwenden.*

## ZWEI MASCHEN AUS EINER STRICKEN

### Innerhalb einer rechts-gestrickten Reihe

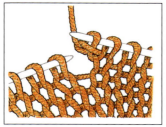
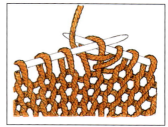

**1** Diese Methode der Maschenzunahme bildet einen Knoten auf der linken Seite der gestrickten Masche.

**2** Stricken Sie die Masche wie gewohnt, aber geben Sie sie nicht von der linken Nadel. Stricken Sie noch eine Masche aus der Rückseite derselben Masche, dann erst ziehen Sie die Maschen von der linken Nadel (verschränkte Masche).

### Innerhalb einer linksgestrickten Reihe

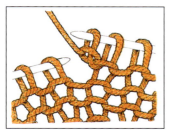
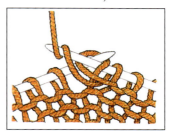

**1** Hierbei entsteht ebenfalls ein Knoten links von der verschränkt gestrickten Masche.

**2** Stricken Sie die linke Masche wie gewohnt, aber nehmen die Masche nicht von der linken Stricknadel.

• FORMEN UND ZUNEHMEN •

## VERSCHRÄNKTE ZUNAHME AUS DEM QUERFADEN

Die Schlinge zwischen zwei Maschen wird auf die Nadel gezogen, verschränkt (damit kein Loch entsteht) und auf die Nadel gegeben.

### Bei einer rechts-gestrickten Reihe

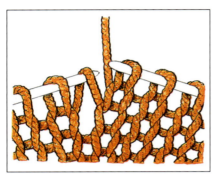 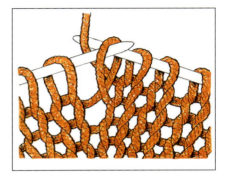

**1** Heben Sie den zwischen den Maschen liegenden Querfaden mit der linken Stricknadel auf, indem Sie von vorn nach hinten in die Masche einstechen.

**2** Stricken Sie eine rechte Masche von der Rückseite dieser neu hochgezogenen Masche.

### Bei einer links-gestrickten Reihe

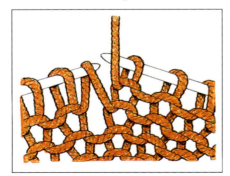 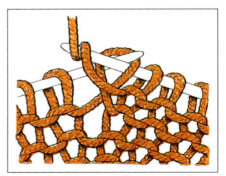

**1** Heben Sie den zwischen den Maschen liegenden Querfaden mit der linken Nadel auf, indem Sie von vorn nach hinten in die Masche einstechen.

**2** Stricken Sie eine linke Masche von der Rückseite dieser neu hochgezogenen Masche.

## ZUNAHME MIT EINFACH-GESTRICKTEM UMSCHLAG

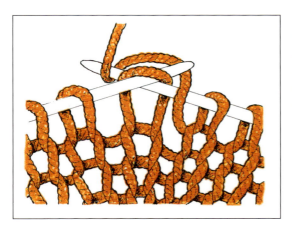

Wird nach dieser Art der Maschenzunahme gestrickt, entsteht ein Loch, das als dekoratives Detail genutzt werden kann.

### Bei einer rechts-gestrickten Reihe

Nehmen Sie den Faden vor die Arbeit, machen einen Umschlag und stricken die nächste Masche wie gewohnt rechts (s. o.). Bei der folgenden Reihe wird dieser Umschlag normal links-gestrickt, wodurch ein Loch entsteht.

### Bei einer links-gestrickten Reihe

Nehmen Sie den Faden hinter die Arbeit, machen einen Umschlag und stricken die nächste Masche wie gewohnt links (s. u.). Bei der folgenden Reihe wird dieser Umschlag normal rechts-gestrickt, wodurch ein Loch entsteht.

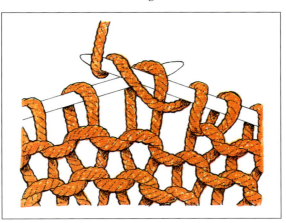

• ZUNEHMEN •

## VERSCHIEDENE ARTEN DER ZUNAHME

**A** Zunahmen in einer linken Reihe. Stricken Sie zwei Maschen aus einer, die Zunahmen werden in der ersten Masche der Reihe gestrickt und dann noch einmal in der letzten Masche, sodass auf beiden Seiten glatte Kanten entstehen.

**B** Zunahmen in einer rechten Reihe. Die Vorderseite dieses Beispiels (bei dem zwei Maschen aus einer gestrickt wurden) hat eine glatte Kante. Wenn die Zunahmen in der ersten und letzten Masche gestrickt werden, ist die linke Seite uneben.

**C** & **D** Verschränkte und dekorative Zunahmen. Sie entstehen, wenn auf beiden Seiten mindestens eine Masche vom Rand entfernt gestrickt wurde, und formen symmetrische Ränder. Diese Zunahmen werden in jeder zweiten Reihe (oder jeder rechten) gestrickt.

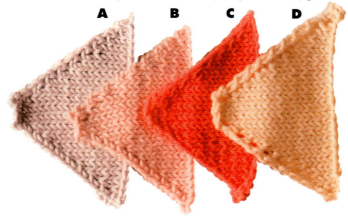

## SICHTBARE ZUNAHMEN

Entstehen durch symmetrische Zunahmen an den Rändern. Die zugenommenen Maschen werden mindestens eine Masche vom Rand entfernt gestrickt, sodass die Ränder sich in die gewünschten Form biegen.

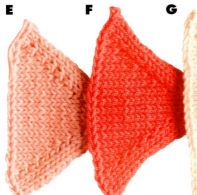

**E** Zwei aus einer: In jeder zweiten Reihe wurden jeweils in der dritten Masche ab Reihenanfang und in der vierten vor dem Ende der Reihe zwei Maschen aus einer gestrickt.

**F** Verschränkte Zunahmen: Hier wurden in jeder zweiten (oder re) Reihe vier Maschen vom Rand entfernt zugenommen.

**G** Hier wurden dekorative Zunahmen in jeder zweiten (rechten) Reihe gestrickt, drei Maschen vom Rand entfernt.

# Abnehmen

*Um ein Kleidungsstück in der richtigen Größe zu gestalten, müssen während des Strickens immer wieder Maschen zu- oder abgenommen werden.*

## ABNAHME DURCH ABKETTEN

Diese Art wird bei der Abnahme von mehreren Maschen, am Rand oder in der Mitte einer Reihe verwendet. Maschen werden normalerweise nicht am Ende einer Reihe abgekettet, aber sollte dies nötig sein, muss der Faden zerschnitten werden und am Anfang der neuen Reihe wieder angeknotet werden.

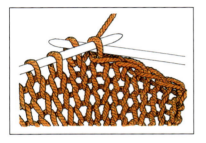

Ketten Sie wie gewohnt die geforderte Anzahl von Maschen ab. Die letzte Masche auf der rechten Stricknadel wird nicht als abzunehmende abgekettete Masche gezählt.

## EINFACHE ABNAHME DURCH ZUSAMMENSTRICKEN

Sollen an einem Rand, der in einen Saum eingefasst werden soll, Maschen abgenommen werden, ist es am einfachsten, diese Maschen durch Zusammenstricken der beiden Randmaschen entweder auf der Hin- oder auf der Rückreihe abzunehmen.

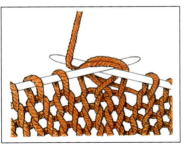

### Bei einer rechtsgestrickten Reihe

Fassen Sie mit der rechten Nadel von vorn durch die nächsten beiden Maschen. Stricken Sie sie zusammen wie eine einzelne rechte Masche.

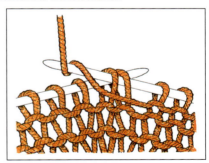

### Bei einer linksgestrickten Reihe

Fassen Sie mit der rechten Nadel von vorn durch die nächsten beiden Maschen. Stricken Sie sie zusammen wie eine einzelne linke Masche.

## SICHTBARES ABNEHMEN

Beim Stricken von Abnahmen entsteht eine leichte Krümmung, nach rechts oder links. Es gibt zwei Grundarten der Maschenabnahme:
a) zwei Maschen werden zusammengestrickt
b) eine Masche wird wie beim Abketten über die andere gezogen. Das wird Abnehmen durch Überziehen genannt. Jede dieser Methoden kann entweder auf der Hin- oder Rückreihe einer glattrechts-gestrickten Arbeit gestrickt werden und jede kann mit einer Krümmung nach rechts oder links gearbeitet werden. Beim Entwerfen von Kleidungsstücken ist es wichtig, dass Sie diese Varianten kennen, sodass die Krümmung nach rechts oder links als Detail des Modellentwurfs genutzt werden kann. Sichtbare Abnahmen werden einige Maschen vom Rand entfernt gestrickt.

### ZWEI MASCHEN RECHTS ZUSAMMENSTRICKEN

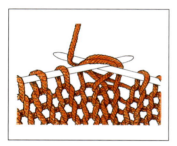

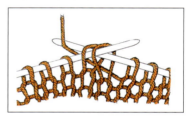

**Mit Krümmung nach links**
Ziehen Sie die ersten beiden Maschen gesondert von der linken auf die rechte Nadel, sodass sie wie rechts gestrickt liegen. Holen Sie beide Maschen zurück auf die linke Nadel und stricken sie rechts verschränkt zusammen.

**Mit Krümmung nach rechts**
Stricken Sie zwei Maschen zusammen in eine rechte Masche wie bei einer einfachen Abnahme.

### ZWEI MASCHEN LINKS ZUSAMMENSTRICKEN

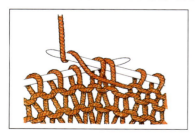

**Mit Krümmung nach rechts**
Stricken sie zwei Maschen links zusammen.

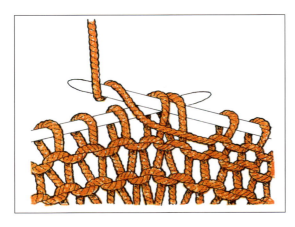

### Mit Krümmung nach links auf der rechten Seite

Ziehen Sie die ersten beiden Maschen gesondert von der li Nadel auf die re, sodass sie wie rechts-gestrickt liegen. Holen Sie beide Maschen zurück auf die linke Nadel und stricken sie links verschränkt zusammen, indem Sie von hinten in die Schlingen stechen.

## RECHTS-GESTRICKTE ABNAHME DURCH ÜBERZIEHEN

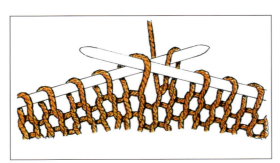

### Mit Krümmung nach rechts auf der Vorderseite

Stricken Sie eine re Masche, heben Sie sie wieder auf die li Nadel und ziehen sie über diese die nächste Masche. Dann heben Sie die erste Masche wieder auf die re Nadel.

### Mit Krümmung nach links auf der Vorderseite

Heben Sie die nächste Masche auf die rechte Nadel, stricken Sie die folgende Masche rechts und ziehen Sie – wie beim Abketten – die erste Masche über diese neue Masche.

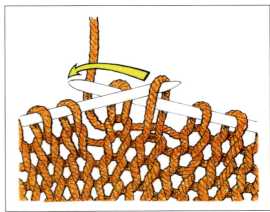

• ABNEHMEN •

## LINKS-GESTRICKTE ABNAHME DURCH ÜBERZIEHEN

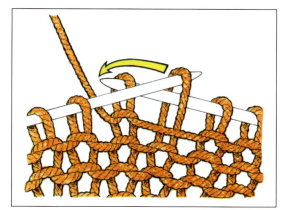

### Mit Rechtskrümmung
Heben Sie die nächste Masche auf die rechte Stricknadel, sodass sie wie links-gestrickt liegt. Stricken Sie die nächste Masche links und ziehen Sie über diese – wie beim Abketten – die abgehobene Masche.

### Mit Linkskrümmung
Stricken Sie eine Masche li, heben die nächste wie rechtsgestrickt ab und nehmen beide auf die linke Nadel. Die abgehobene Masche wird über die gestrickte Masche gezogen und auf die re Nadel gehoben.

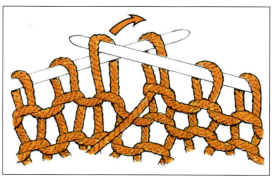

Stricken Sie die Abnahme paarweise unter Verwendung der jeweils komplementären Methode. Um einen ebenmäßig geformten Rand zu erhalten, stricken Sie zuerst am Anfang der Reihe eine Abnahme mit Neigung nach links und am Ende der Reihe eine Abnahme mit Neigung nach rechts. Um ein gefächertes Aussehen zu erhalten, stricken Sie die Abnahmen in umgekehrter Reihenfolge.

**Normale Abnahme**

**Fächerförmige Abnahme**

# Das Anstricken von Maschen

*Die Ränder werden geglättet, indem man eine gestrickte Blende hinzufügt. Dieser gestrickte Rand festigt die Strickkante und hält das Kleidungsstück in Form. Maschen anzustricken ist nicht schwer, aber wenn nicht sorgfältig gearbeitet wird, kann selbst ein gut gestricktes Kleidungsstück darunter leiden.*

Die Bündchen müssen etwas fester sein als der Rest der Arbeit, damit das Kleidungsstück seine Form behält. Es gibt verschiedene Methoden: die Benutzung von Stricknadeln mit geringerer Nadelstärke; das Verwenden eines Strickmusters, bei dem das Gestrickte zusammengezogen wird wie Rippenmuster; die Verwendung von dünnerem Garn und Stricknadeln und das Aufnehmen von weniger Maschen. Strickanleitungen zeigen, wie viele Maschen aufgenommen werden müssen. Sie können die Anzahl auch verändern.

## ANSTRICKEN EINER MASCHE

1 Nehmen Sie eine Nadel in die rechte Hand und stechen die Nadelspitze von der Vorderseite durch die Randkante. Machen Sie einen Umschlag um die Nadel und ziehen den Faden nach vorne durch, ohne ihn von der Nadel rutschen zu lassen. Die gezeigten Maschen werden an einer waagerechten Kante aufgenommen.

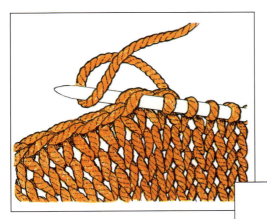

2 Die hier abgebildeten Maschen werden an einer vertikalen Strickkante angestrickt.

• ANSTRICKEN •

## NICHT VERGESSEN

Nehmen Sie Maschen zum Anstricken mindestens eine Masche vom Rand entfernt auf (oder bei der ungefähren Breite einer Masche). Nehmen Sie niemals Maschen direkt am Rand auf.

Wenn Sie quer oder längs einer geraden Randkante arbeiten, nehmen Sie alle Maschen dieser Reihe oder Kante auf.

Vermeiden Sie das Aufnehmen aus zu lockeren oder ausgebeulten Maschen.

Wenn Sie entlang einer Längskante arbeiten, nehmen Sie für jede Reihe außer der jeweils dritten oder der jeweils vierten Reihe eine Masche auf.

Die Maschen sollten gleichmäßig entlang einer Randkante aufgenommen werden. Dafür teilen Sie die Strickarbeit in Abschnitte ein und markieren jeden Abschnitt mit einer Stecknadel. Teilen Sie die Gesamtmaschenzahl durch die Anzahl der Abschnitte, damit Sie die Anzahl von Maschen erhalten, die Sie pro Abschnitt aufnehmen müssen.

## RUNDUNGEN UND ECKEN

Obwohl der Bund geformt sein muss, wenn er eine Ecke haben soll, werden die Maschen ebenso gleichmäßig aufgenommen wie bei einem geraden Rand. Rundungen werden anders gearbeitet. An Stellen, an denen die Strickarbeit konvex ist, müssen etwas mehr Maschen aufgenommen werden. Beim Abketten einer konvexen Rundung sollte etwas lockerer abgekettet werden als beim Rest der Arbeit.

An Stellen, an denen die Strickarbeit konkav ist, müssen etwas weniger Maschen aufgenommen werden. Wird der Bund einer konkaven Rundung abgekettet, sollte etwas fester abgekettet werden als beim Rest.

## AUFNEHMEN VON MASCHEN AUS DER MITTE EINER STRICKARBEIT

Manchmal müssen Maschen in der Mitte einer Strickarbeit aufgenommen werden. Als erstes müssen Sie die Reihe festlegen, in der aufgenommen werden soll, dann nehmen Sie Maschen genau wie bei einer Randkante auf, aber stechen die Nadel durch die Strickarbeit. Die Maschen müssen immer aus derselben Reihe und aus demselben Bereich einer jeden Masche aufgenommen werden.

# Knöpfe und Knopflöcher

*Der Eindruck eines Kleidungsstücks wird stark von seinem Verschluss beeinflusst. Daher sollten Sie schon beim Entwurf des Kleidungsstücks die Art des Verschlusses bedenken. Knöpfe sind sehr beliebt, da sie wenig wiegen, leicht anzubringen sind und das Gestrickte nicht auseinander ziehen.*

Wenn Sie nach Anleitung arbeiten, können Sie die Knöpfe aussuchen, sobald die Strickarbeit beendet ist. Falls Sie aber bestimmte Knöpfe verwenden möchten, sollten Sie sich vorab über die Größe und Form des Knopflochs Gedanken machen.

Stellen Sie sicher, dass der Knopf nicht zu schwer oder unförmig ist und dass er das Kleidungsstück nicht ausleiert oder Fäden zieht. Es ist empfehlenswert, einen Extra-Knopf zu kaufen und diesen auf der Innenseite des Saums anzunähen.

## PROFI-TIPP

Um eine bestimme Anzahl von Maschen entlang einer Abschlusskante aufzunehmen, falten Sie die Arbeit einmal und markieren den Mittelpunkt. Falten Sie jede Hälfte noch einmal und markieren Sie die jeweiligen Viertel. Teilen Sie die Anzahl der Maschen durch vier und nehmen Sie diese Anzahl gleichmäßig von jeder markierten Ecke aus auf.

## AUSWÄHLEN VON KNÖPFEN

Knöpfe werden aus einer Vielzahl von Materialien hergestellt: von Holz, Knochen und Perlmutt bis hin zu Gold, Silber und Kupfer. Viele Knöpfe werden aus Plastik und Glas hergestellt. Die meisten Knöpfe haben in der Mitte entweder zwei oder vier Löcher oder eine Öse aus Metall. Knöpfe aus Horn oder Holz sehen auf traditionellen Strickarbeiten wie irischen Aran-Pullovern sehr schön aus. Fantasievolle Knöpfe, wie Gold- oder Diamantknöpfe, passen besser zu Baumwolle und Seide. Bei der Auswahl müssen Sie auch die Größe des Knopflochs berücksichtigen. Sie hängt von der Art des verwendeten Garns und dem Stil des Kleidungsstücks ab. Ein aus Chenille-Garn gestricktes Kleidungsstück bedarf eines großen Knopfes – vorzugsweise ein Knopf mit einer Öse – und daher auch eines großen Knopfloches. Ein Knopfloch für einen flachen Knopf ist kleiner als das für einen bauchigen, hoch stehenden Knopf.

## WIE SIE EINEN KNOPF ANNÄHEN

Wenn ein Knopf nicht korrekt befestigt ist, kann er die Strickarbeit ausleiern oder verformen. Wenn das Kleidungsstück mit einem leichten, zum Beispiel vierfädigen Garn gestrickt wurde, kann dasselbe Garn auch zum Annähen der Knöpfe verwendet werden. Für dicker Gestricktes oder dickere Chenille-Strickarbeiten verwenden Sie ein Nähgarn der gleichen Farbe.

**1** Verwenden Sie einen langen, an einem Ende geknoteten Faden und eine spitze Nähnadel. Nähen Sie den Knopf – je nach Art entweder durch die Löcher oder durch die Öse – an die richtige Stelle.

**2** Sobald der Knopf befestigt ist, wickeln Sie den Faden mindestens dreimal um die genähten Stiche zwischen Knopf und Kleidungsstück. Vernähen Sie den Faden auch noch auf der Rückseite der Strickarbeit.

### KNÖPFE ANFERTIGEN

Manchmal werden Sie vielleicht keinen passenden Knopf für ihr Kleidungsstück finden. Wenn Sie den Knopf so wie das Kleidungsstück selbst herstellen, schaffen Sie ein wirklich persönliches Kleidungsstück – ein Unikat.

## Garnknöpfe

Sie können aus einer endlosen Zahl von Farbzusammenstellungen oder aus nur einer Farbe erstellt werden. Diese Knöpfe sind schön an Kissen und Kleidungsstücken, die größere Knöpfe benötigen. Kleinere Knöpfe sind schwieriger anzufertigen.

1 Verwenden Sie einen langen Wollfaden und nähen ihn mit Knopflochstichen um den Rand eines kleinen Gardinenrings. Halten Sie das Fadenende nah an den Ring, nähen Sie um Ring und Fadenende, bis es verschwunden ist. Sobald der Ring ganz umwickelt ist, vernähen Sie den Faden und drehen Sie den Randsaum des Knopflochstichs auf die Innenseite des Gardinenrings.

2 Nehmen Sie einen zweiten Faden und nähen ihn so um den Ring, dass ein Netz entsteht. Machen Sie zwei oder drei Stiche, nähen Sie über der Mitte der Speichen und vernähen den Faden.

3 Nehmen Sie einen dritten Faden, ziehen die Nadel von hinten nach vorn nah an der Mitte des Netzes zwischen zwei Speichen durch den Knopf. Füllen Sie die Mitte des Rings aus, indem Sie mit Rückstichen um die Speichen arbeiten. Ketten Sie den Faden ab.

## Bestickte Knöpfe

Sie können auch Knopfsets kaufen, die aus einem zweiteiligen Knopf bestehen: Ein Teil ist die Vorderseite, der andere Teil hat einen Schlitz, mit dem die Öse zum Annähen in Position gehalten wird. Das Material wird über die Vorderseite des Knopfs gezogen und dann mit Hilfe des festgenähten Teils festgeklemmt.

· KNÖPFE ·

## Gestrickte Noppen

Sie können als Ersatz für einen Knopf verwendet werden, wenn sie aus einem ausreichend festen Garn hergestellt werden. Noppen passen gut zu Aran-Pullovern oder Zopfmustern und können mit einer Luftmaschenkette als Verschluss verwendet werden. Es ist empfehlenswert dafür eine dünnere Stricknadel als die, mit der die Strickarbeit gefertigt wurde, zu verwenden.

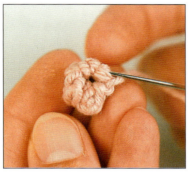

Schlagen Sie drei Maschen an und stricken Sie eine rechte Reihe. Nächste Reihe: Nehmen Sie in der ersten Masche zu (durch doppeltes Stricken der Masche: 1 x re und 1 x verschr), 1 Masche re stricken, dann in der letzten Masche eine Masche zunehmen. Drehen Sie die Arbeit um und stricken Sie rechts bis zum Ende. Nehmen Sie so in jeder zweiten Reihe zu, bis Sie die gewünschte Anzahl Maschen erhalten (je mehr Maschen, desto größer wird der Noppen). Stricken Sie eine Reihe. Nehmen Sie Maschen ab, indem Sie 2 Maschen re verschr zusammenstricken. Stricken Sie bis zu den letzten beiden Maschen und stricken wiederum 2 Maschen re zusammen. Eine Reihe normal stricken. Nehmen Sie in jeder zweiten Reihe ab, bis nur noch drei Maschen übrig sind. Ketten Sie Masche für Masche entlang des Rands ab, und ziehen Sie den Faden zusammen, sodass ein Noppen entsteht. Vernähen Sie die Enden und nähen Sie den Noppen an den gewünschten Platz.

## KNOPFLÖCHER

Durch das Stricken entstehen sehr elastische Strukturen. Wenn dabei falsch gearbeitet wird, können Knopflöcher unansehnlich werden.

Kaufen Sie die Knöpfe, bevor Sie die Knopflöcher anfertigen, damit Sie die richtige Größe für die Knopflöcher stricken können. Aufgrund der Elastizität des Gestrickten muss das Knopfloch kleiner sein als der Knopfdurchmesser, damit der Knopf auch hält. Gerät das Knopfloch zu groß, so kann es auch noch ein Stückchen zugenäht werden, ohne dass es unansehnlich wird. Sollte es allerdings zu klein geworden sein, lässt sich da wenig machen, außer dass Sie die Knöpfe auswechseln oder das Knopfloch neu stricken.

### Rundes Knopfloch

Bei dieser Strickweise entsteht ein sehr kleines Knopfloch, auch wenn die Größe eines Knopflochs sich je nach Festigkeit des Gestrickten verändert.

Das Knopfloch wird über zwei Maschen gestrickt, indem der Faden vorn einmal umgeschlagen wird und dann zwei Maschen rechts zusammengestrickt werden. In der nächsten Reihe wird der Faden über der Masche wie eine normale Masche gestrickt.

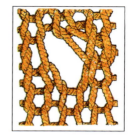

## WAAGERECHTES KNOPFLOCH

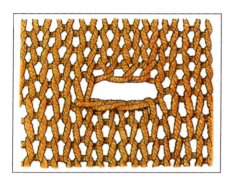

### Über zwei Reihen gearbeitet
Stricken Sie bis zu dem Punkt, an dem das Knopfloch sein soll. Ketten Sie die erforderliche Anzahl von Maschen ab, stricken dann das Muster zu Ende. In der nächsten Reihe stricken Sie nach Muster bis zu den abgeketteten Maschen. Nehmen Sie dieselbe Anzahl Maschen wie vorher abgekettet auf und stricken Sie dann nach Muster zu Ende.

### Über eine Reihe gearbeitet
Stricken Sie bis zum Knopfloch, nehmen den Faden nach vorne und heben die nächste Masche ab. Nehmen Sie den Faden nach hinten und heben die nächste Masche ab. Ziehen Sie die erste abgehobene Masche über die zweite und heben die nächste Masche ab. Ziehen Sie die zweite abgehobene über die dritte abgehobene Masche und ketten die gewünschte Anzahl von Maschen weiter ab. Heben Sie die letzte Masche wieder auf die linke Nadel, drehen Sie das Gestrickte um und holen den Faden nach hinten. Dann nehmen Sie die Zahl von Maschen auf, die Sie abgekettet haben. Nehmen Sie eine Masche

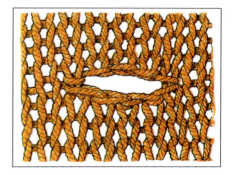

zusätzlich auf und holen den Faden nach vorn, erst danach nehmen Sie die Masche auf die linke Nadel. Drehen Sie die Arbeit um, heben die nächste Masche ab und ziehen die letzte abgekettete Masche über diese Hebemasche.

# Quasten

*Quasten können sehr dekorativ aussehen, wenn sie an den Enden eines Kissens oder an den Enden von Kordeln angenäht sind.*

Einfache Quasten sind sehr leicht zu erstellen und können der gestrickten Arbeit den letzten Schliff geben. Quasten brauchen sehr viel Garn, daher sollten Sie sicherstellen, dass Sie genügend Garn zur Verfügung haben und die Quasten auch erst dann anfertigen, wenn die Strickarbeit beendet ist.

**1** Wickeln Sie den Faden um ein Stück Karton in der Größe der gewünschten Quastenlänge.

**2** Ziehen sie ein zweites Stück Faden durch das obere Ende der Quaste zwischen Garn und Karton durch und verknoten den Faden. Er muss so lang sein, dass Sie die Quaste noch umwickeln können.

**3** Schneiden Sie das Garn an der unteren Seite des Kartons durch und entfernen Sie den Karton. Fädeln Sie das lange Fadenende in eine Wollnähnadel und stechen Sie sie von oben nach unten durch die Mitte der Quaste.

**4** Wickeln Sie den Faden so oft wie nötig um die Quaste. Ziehen Sie die Nadel durch das obere Ende der Quaste und schneiden Sie den Faden ab.

# Pompons

*Die Herstellung von Pompons ist ein sehr beliebter Zeitvertrieb für Kinder und eine fantastische Art, sie mit Garnen und dem Stricken vertraut zu machen.*

Pompons sehen wunderschön aus, wenn sie am Weihnachtsbaum hängen oder an Kissen und Wintermützen baumeln. Sie können einen fertigen Pomponring aus Plastik kaufen, aber Kartonringe funktionieren ebenso gut. Schneiden Sie zwei große Kreise, die größer sind als der gewünschte Durchmesser aus und machen Sie in die Mitte ein kleines Loch.

**1** Fädeln Sie in eine große Nähnadel oder Durchziehnadel so viele Fäden wie möglich. Die Fäden sollten ungefähr 0,9 Zentimeter lang sein.

**2** Halten Sie die Kartonkreise zusammen und umwickeln Sie sie mit der Nadel von der Mitte aus. Arbeiten Sie von vorn nach hinten und halten Sie – falls nötig – mit ihrem Daumen das Ende des Garns fest. Wiederholen Sie dies, bis die Mitte gefüllt ist.

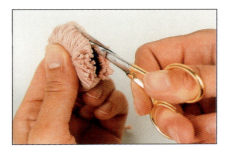

**3** Schneiden Sie dann zwischen den beiden Kartonkreisen den Pompon auf.

**4** Knoten Sie ein Stück Garn oder Nähseide so fest wie möglich um die Mitte des Pompons und entfernen Sie die Kreise. Stutzen Sie den Pompon zu einem Ball.

• QUASTEN & POMPONS •

# Maschenprobe

*Wenn Sie nicht sicherstellen, dass Sie die korrekte Maschenprobe haben, kann Ihr Kleidungsstück seine Form und Größe drastisch verändern.*

Strickanleitungen werden mittels mathematischer Tabellen erstellt, die auf zwei Arten von Angaben basieren: zum einen die erforderliche Größe des Strickstücks in Zentimetern und zum anderen die Anzahl der Maschen und Reihen, die erforderlich sind, um jeden Zentimeter zu stricken. Dies wird als Maschenprobe bezeichnet. Die Maschenprobe wird von der Dicke des Garns, der Nadelstärke, wie locker oder fest gestrickt wird und dem Strickmuster beeinflusst.

Es ist theoretisch möglich, jedwede Garnstärke mit jeder Nadelstärke zu stricken. Dennoch würde ein mit kleinen Nadeln gestricktes Chenille-Garn wie Karton aussehen und sich auch so anfühlen, wohingegen ein dünneres Garn, das auf großen Nadeln gestrickt wurde, eine so lockere Arbeit ergeben würde, dass sie zu nichts verwendet werden könnte. Es gibt also offenbar einen goldenen Mittelweg, bei dem die Struktur sich nicht nur gut anfühlt und gut aussieht, sondern auch fest und elastisch ist.

Für jedes Garn gibt es eine empfohlene Maschenprobe des Herstellers – meistens ist diese Information auf die Banderole des Wollknäuels gedruckt.

Die Maschenprobe variiert je nach Strickerin, daher ist es manchmal besser, eine kleinere oder größere Stricknadel als empfohlen zu verwenden, um die richtige Maschenprobe zu erhalten. Empfohlene Stricknadelstärken werden auch auf der Banderole angegeben.

Ist die Maschenprobe glatt-rechts-gestrickt korrekt, kann sie immer noch durch das Muster beeinflusst werden. Plastische Muster ziehen die Arbeit oft zusammen, sodass mehr Maschen

---

**PROFI-TIPP**

Die Banderole gibt häufig die vom Hersteller empfohlene Maschenprobe für Glatt-rechts-Gestricktes an, aber Sie sollten immer auch Ihre Maschenprobe in dem beabsichtigten Strickmuster überprüfen.

benötigt werden, während Lochmuster meist weniger Maschen benötigen. Wenn nichts angegeben ist, sollte die Maschenprobe immer in dem Muster gearbeitet werden, das für den größten Teil verwendet wird. Sobald Sie ein größeres Stück erstellt haben, überprüfen Sie die Fadenspannung der Maschenprobe, da sie sich manchmal im Verlauf verändert, weil die Konzentration nachlässt oder weil eine große Anzahl von Maschen die Art, wie Garn und Nadeln gehalten werden, beeinflusst.

## WIE EINE MASCHENPROBE GEMESSEN WIRD

Stricken Sie eine Maschenprobe mit der angegebenen Nadelstärke. Nehmen Sie immer ein paar Maschen mehr auf und stricken Sie ein paar Reihen mehr als angegeben, da sich die Randmaschen verdrehen. Überprüfen Sie die Strickanleitungen und dämpfen Sie notfalls die Maschenprobe. Messen Sie die Maschenprobe auf einer flachen Unterlage.

### MASCHEN ABMESSEN

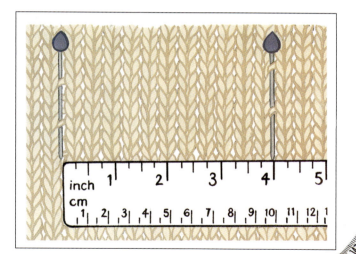

**1** Zählen Sie die Maschen und markieren sie mit Stecknadeln, messen Sie von Stecknadel zu Stecknadel. Ist das Maß korrekt, wissen Sie, dass Ihr Kleidungsstück die richtige Breite haben wird. Wenn das Maß zu klein ist, haben Sie zu fest gestrickt und das Kleidungsstück wird zu eng. Stricken Sie eine neue Probe mit einer größeren Stricknadelstärke und messen Sie erneut. Wenn das Maß zu groß ist, haben Sie zu locker gestrickt und das Kleidungsstück wird zu weit. Fertigen Sie eine neue Strickprobe unter Verwendung von dünneren Stricknadeln an und messen Sie nochmals nach.

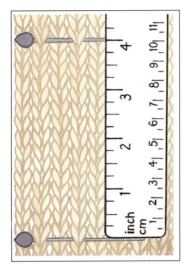

2 Markieren Sie die Anzahl der Reihen und prüfen Sie das Maß. Wenn Sie das korrekte Maß haben, können Sie beginnen.

### WIE DIE NADELSTÄRKE DIE GRÖSSE DER MASCHENPROBE BEEINFLUSST

Schauen Sie sich an, wie die gleiche Wolle, die gleiche Anzahl von Maschen und Reihen, die von ein und derselben Strickerin angefertigt werden, je nach der Stärke der Stricknadeln unterschiedlich große Strickproben ergeben können.

## PROFI-TIPPS

Verwenden Sie ein Maßband, um sicherzugehen, dass Sie die korrekte Maschenprobe haben.

Verwenden Sie Stecknadeln, um die Distanz zwischen den Maschen zu markieren.

**Dünne Nadeln**

**Mittlere Nadelstärke**

**Große Nadeln**

• MASCHENPROBE •

## PROFI-TIPP

Fangen Sie beim Anknüpfen eines neuen Fadens mit einem neuen Knäuel am Anfang einer Reihe an, dort wo der Rand Teil des Saumes sein wird. Knüpfen Sie das neue Garn mit einem einfachen Knoten an. Beim Vernähen können Sie den Knoten aufmachen, ein Ende des Fadens in eine Wollnadel einfädeln und den Faden durch einige der Saummaschen vernähen.

# Strickmuster und -schriften

*Das Lesen eines Musters ist anfangs ungewohnt, aber sobald Sie den Code geknackt haben, werden Sie in der Lage sein, den Anleitungen zu folgen.*

## WAS BEDEUTEN DIE GRÖSSENANGABEN?

Die Größen werden der Reihe nach in einer Tabelle angegeben oder mit größeren Maßangaben in Klammern. Da die Passform von Modell zu Modell variiert, vergleichen Sie zunächst die aktuelle Brustumfang-Größenangabe mit Ihren eigenen Maßen, dann überprüfen Sie die Länge und die Ärmel. Manche Kleidungsstücke sind eng anliegend, andere sehr weit entworfen – wählen Sie sich die Passform aus, die Ihnen am Besten zusagt.

## WAS MÜSSEN SIE KAUFEN?

Es ist wichtig, das spezifische Garn zu kaufen. Ein anderes Garn, egal wie ähnlich, kann ganz anders ausfallen und Sie würden dann eine andere Menge benötigen. Stellen Sie sicher, dass Sie genug Garn gekauft haben, und dass alle anderen aufgelisteten Dinge ebenfalls vorhanden sind.

## MASCHENPROBE ÜBERPRÜFEN

Für die Maschenprobe wird eine Anzahl von Maschen und Reihen angegeben, meistens 10 Zentimeter in dem Strickmuster und mit der empfohlenen Nadelstärke. Sie dient nur als Anhaltspunkt, es kann sein, dass Sie eine andere Stärke verwenden müssen, um die Maschenproben gemäß den Anleitungen zu erstellen.

## GRÖSSEN

Strickmuster werden in der Regel für mehrere Größen entworfen und die Angaben für jede darauf folgende Größe werden in Klammern dahinter angegeben. Zum Beispiel nehmen Sie 12 (14; 16; 18; 20) M auf und stricken Sie für 20 (23; 33) mm. Kurz: Sie stricken eine Anzahl von Reihen oder Zentimeter.

Um Verwirrung zu vermeiden, sollten Sie nach Auswahl Ihrer Größe alle entsprechenden Anleitungen markieren, bevor Sie mit dem Stricken beginnen.

---

### PROFI-TIPP

Das Vergrößern einer Stickschrift kann das Lesen derselben erleichtern. Fertigen Sie mehrere Fotokopien an und kleben oder setzen Sie sie mit Tesafilm aneinander. Falls notwendig, zeichnen Sie alle Formen auf der Kopie ein.

---

• GRUNDTECHNIKEN •

## STERNCHEN

Sie werden verwendet, um eine Wiederholung anzuzeigen. Mehrere Sternchen zeigen, dass verschiedene Abschnitte wiederholt werden. Zum Beispiel: 2 (3; 3; 4; 5) M re **4 M re* 2 M li, 2 re str und vom * an einmal wiederholen. 2 M re ab ** 4 mal wiederholen. Im Beispiel muss das Strickmuster ab dem doppelten Sternchen noch viermal wiederholt werden, ab dem einzelnen Sternchen einmal innerhalb jeder der Wiederholungen.

## DAS GEGENGLEICHE STRICKEN VON FORMEN UND STRICKMUSTERN

Manchmal werden Anweisungen für eine Seite gegeben und für die andere Seite wird gesagt, sie genauso wie die erste Seite zu stricken, nur gegengleich. Bei einem umfangreicheren Strickmuster kann es leichter sein, eine spezifische Anleitung unter Verwendung der ersten Seite als Vorgabe auszuarbeiten und aufzuschreiben.

## MATERIALIEN

Strickanleitungen geben die annähernd erforderliche Menge an Garn an. Am besten kaufen Sie ein oder mehrere Extraknäule.

## STRICKSCHRIFTEN UND DIAGRAMME

Sie werden manchmal anstelle von schriftlichen Anleitungen als Strick- oder Farbmuster angegeben.

## MEHRFARBIGE ZÄHLMUSTER

Die meisten Farbmuster sind glatt-rechts-gestrickt. Die Quadrate der Strickschrift zeigen die Farbe an, die jeweils verwendet werden muss. Die Strickschrift kann farbig gedruckt sein oder ein Symbol für jede Farbe verwenden. Wenn Strukturmaschen verwendet werden, werden Sie als Symbole angegeben und in einer Tabelle erläutert.

## DAS LESEN VON STRICKSCHRIFTEN

Jede Masche und jede Reihe wird von der rechten Seite dargestellt. Ein leeres Quadrat zeigt an, dass die Hinreihe rechts und die Rückreihe links gestrickt wird – also glatt-rechts. Ein Punkt bedeutet, dass die Hinreihe links- und die Rückreihe rechts-gestrickt wird – also glatt-links.

Einige Symbole stehen für mehr als eine Masche, zum Beispiel beim Abnehmen. Variiert die Maschenanzahl innerhalb eines Strickmusters, symbolisieren gefüllte Felder die fehlenden Maschen. Die Symbole sind nicht in allen Strickschriften gleich, von daher sollten Sie immer die Zeichenerklärung beachten.

• STRICKSCHRIFTEN •

# Abkürzungen

*Die folgenden Abkürzungen sind allgemein üblich. Sie sparen Platz und erleichtern das Lesen der Strickmuster. Manche Muster verwenden auch andere Abkürzungen, aber in den meisten Fällen ist eine Liste der Abkürzungen bei dem Strickmuster mit angegeben.*

| | |
|---|---|
| **A vo** | Arbeitsfaden vorn |
| **abgeh M überz** | abgehobene Masche überziehen |
| **abh** | abheben |
| **abk** | abketten |
| **abn** | abnehmen |
| **Anf** | Anfang |
| **Anschl** | anschlagen |
| **cm** | Zentimeter |
| **dopp** | doppelt stricken |
| **dop U** | doppelter Umschlag |
| **einfacher Überzug** | 1 M abh, 1 M re str, die abgehobene M über die gestrickte M ziehen |
| **ff** | fortfahren |
| **Faden hinten** | Arbeitsfaden hinter die Arbeit |
| **Faden hinten** | Arbeitsfaden nach hinten |
| **F vo U li** | Faden vorn mit U vor li M |
| **F vo U re** | Faden vorn mit U vor re M |
| **folg** | folgende |
| **folg M überz** | nächste Masche überziehen |
| **Faden vorn** | Arbeitsfaden vor die Arbeit |
| **G** | Gramm |
| **i. W.** | im Wechsel |
| **Glatt rechts** | HinR re RückR li stricken |
| **glatt links** | RückR li HinR re stricken |

| | |
|---|---|
| in | inches |
| inkl | inklusive |
| kr str | kraus stricken |
| li | links stricken, linke Masche |
| li dopp verschr | links doppelt verschränkt str |
| M | Masche |
| mm | Millimeter |
| Ms | Muster |
| Nr | Nummer |
| Nop | Noppen str |
| Nsp | Nadelspiel |
| re | rechts stricken, rechte Masche |
| restl | restliche |
| ü-sprg | überspringen |
| RS | Rückseite, linke Seite |
| rH | rechte Hand |
| U | Umschlag |
| U re | Umschlag vor re M |
| U li | Umschlag vor li M |
| verschr | verschränkt |
| vo | nach vorn |
| verschr überz | verschränkt überziehen |
| wie re | wie bei einer rechten Masche |
| wie li | wie links gestrickt |
| wdh | wiederholen |
| ZN (HN) | Zopfnadel (Hilfsnadel) |
| zun | zunehmen |
| zus (zus-str) | zusammenstricken |
| 1 M zun | eine Masche zunehmen |
| 2 M li zus-str | 2 Maschen links zusammenstr |
| 2 M abh, 1 re | 2 Maschen abh, 1 M re stricken |

• ABKÜRZUNGEN

# Das Stricken mit einem Nadelspiel

*Dies ist die bekannteste Art Socken, Strümpfe, Ärmel oder herzustellen.*

Die Nadeln eines Nadelspiels (auch Strumpfstricknadeln) sind an beiden Seiten spitz, sodass die Arbeit von jeder Seite gestrickt werden kann. Man kann sie in beliebiger Quantität verwenden, wobei das Stricken mit sechs Nadeln das Maximum ist. Die Anzahl der erforderlichen Maschen wird durch die Anzahl der Nadeln geteilt, eine Nadel wird ausgespart, diese bleibt zum Stricken frei.

Schlagen Sie die erforderliche Anzahl von Maschen auf jede Nadel auf. Ziehen Sie die erste dieser Anschlagsmaschen möglichst nah an die letzte Anschlagsmasche. Verwenden Sie die freie Nadel und stricken Sie die erste Anschlagsmasche rechts, sodass der „Kreis" geschlossen ist. Dann stricken Sie weiter bis zur letzten Masche der ersten Nadel. Stricken Sie weiter von der nächsten Nadel, indem Sie diese neue freie Nadel verwenden. Arbeiten Sie so weiter, bis Sie die Reihe (oder Runde) beendet haben. Markieren Sie die erste oder die letzte Masche der Runde mit einem farbigen Faden und setzen Sie diesen jedes Mal, wenn eine Runde vollendet wurde höher, andernfalls können Sie sehr schnell den Überblick verlieren.

Beim Stricken einer Schlauchform ist es nicht nötig, linke Reihen zu stricken, um Glatt-rechts-Gestricktes zu erhalten,

**Stricken mit vier Nadeln**

denn alle Reihen werden von vorn, also von der rechten Seite der Arbeit, gestrickt. Um glatt-links zu stricken, werden abwechselnd linke und rechte Reihen gestrickt (wie beim Glatt-rechts-Stricken mit zwei Nadeln). Natürlich müssen Strickmuster für schlauchförmige Strickarbeiten anders formuliert werden, und einige Muster lassen sich weder von zwei Nadeln auf ein Nadelspiel übertragen noch andersherum.

Wenn Sie Schwierigkeiten haben, die Maschen auf den Nadeln zu halten, können Sie einen Korken auf die Enden der Nadeln stecken.

## RUNDSTRICKNADELN

Rundstricknadeln gibt es in den Längen: 40, 60, 80 und 100 Zentimeter. Sie werden statt Langstricknadeln verwendet.

Die Verwendung von Rundstricknadeln hat einige Vorteile: sie können mehr Maschen aufnehmen, sie können nicht herunterfallen, die Nadeln können nicht herausfallen und sie sind handlicher.

**Stricken mit vier Nadeln**

Werden sie anstelle von zwei Stricknadeln verwendet, kann jede beliebige Länge Rundstricknadeln verwendet werden. Schlagen Sie die gesamte erforderliche Maschenzahl an, und nehmen Sie dafür in jede Hand je ein Ende der Nadel. Beginnen Sie mit der Strickarbeit, indem Sie bei der zuletzt aufgenommenen Masche anfangen und dann alle Maschen von der Nadel der linken Hand auf die Nadel der rechten Hand wie gewohnt stricken. Wenn die letzte Masche gestrickt ist, wechseln Sie die Stricknadeln in ihren Händen, sodass sich nun die zuletzt gestrickte Masche am Ende der Nadel in ihrer linken Hand befindet. Stricken Sie diese letzte Masche mit der Nadel der rechten Hand und arbeiten Sie so weiter. Wechseln Sie jedes Mal die Stricknadeln, sobald eine Reihe vollendet ist.

Wird eine Rundstricknadel verwendet, so hängt deren Länge von der Anzahl der Maschen ab, die aufgenommen werden muss. Die Maschen müssen gleichmäßig verteilt werden können, ohne dass sie zu sehr gezogen werden müssen. Wenn aufgrund der Ausformung von Partien die Anzahl der Maschen reduziert werden muss, kann es vorkommen, dass während des Strickens die Nadeln gewechselt werden müssen.

Die erforderliche Anzahl wird aufgenommen und dann die Runde geschlossen, indem man die Stricknadeln beider Hände wechselt und in die erste der aufgenommenen Maschen strickt. Stricken Sie weiter in Runden, ohne dass die Nadeln in den Händen gewechselt werden.

• NADELSPIEL •

### PROFI-TIPP

Wenn eine Plastikrundstricknadel nach längerer Aufbewahrung steif und geringelt ist, weichen Sie sie einige Minuten in warmem Wasser ein und ziehen Sie sie dann mit den Händen in die Länge.

# Einzelne Partien stricken

*Kleidungsstücke können nicht nur durch Zu- und Abnahmen in Form gebracht werden, sondern auch durch das gesonderte Stricken von einzelnen Teilen.*

Einzelne Partien des Kleidungsstücks können mit verkürzten Reihen gestrickt werden, sodass ein Rand der Arbeit länger ist als der andere. So können Abnäher, Schulternähte, Schulterpartien und Kragen geformt werden. Damit beim Wenden der Strickarbeit keine Löcher entstehen, schlingen Sie den Faden um die erste Masche (= Umschlag), ohne ihn zu verarbeiten, bevor Sie mit dem Stricken der übrigen Maschen fortfahren.

## VERKÜRZTE REIHEN

Hier wurde über 21 Maschen gestrickt, der äußere Rand wurde doppelt so lang wie der Rand der Innenseite.
**1. R:** rechts stricken.
**2. R:** links stricken.
**3. R:** bis zu den letzten 7 M rechts str, Faden nach vorn, 1 M abh, Fa hi, abgeh M auf LN nehmen, Arbeit wenden.
**4. R:** diese 14 M li str.
**5. R:** alle M re str.
**6. R:** alle M li str.
**7. R:** bis zu den letzten 14 M re str, Faden nach vorn, 1 M abh, Faden hi, abgeh M auf LN nehmen, Arbeit wenden.
**8. R:** diese 7 M li str. Wdh ab R 1, wenn nötig.

**Verkürzte Reihen**

## EINE MASCHE VERSCHRÄNKT STRICKEN

Normalerweise werden rechte und linke Maschen gestrickt, indem man von vorn in die Schlingen der Maschen auf der linken Nadel einsticht, aber es kann auch von hinten in die Maschen gestochen werden. So erscheint die neue Masche verschränkt, sobald bei allen glatt-rechts-gestrickten Maschen von hinten in die Masche eingestochen wurde (sowohl in der Hin- als auch in der Rückreihe). Das Ergebnis ist ein sehr verschränktes Strickstück mit wenig Elastizität. Strickt man die Maschen entweder in Hin- oder Rückreihe nur nicht auf beiden Seiten verschränkt, so erscheint das Strickstück etwas weniger verschränkt, dies nennt man „rechts-verschränkt".

**Rechts-verschränkt**

# Ausarbeitung

*Das Zusammenfügen der Einzelteile besteht aus zwei Schritten: dem Dämpfen eines jeden Strickstücks und dem anschließenden Zusammennähen.*

## DÄMPFEN

Das Spannen und Dämpfen vor dem Zusammennähen beeinflusst das fertige Kleidungsstück entscheidend. Beachten Sie die Pflegeanleitungen auf der Banderole des Knäuels und testen Sie an einem Probestück, wie sich das Garn unter Wasserdampf oder Hitze verhält, bevor Sie Ihre Strickerei bearbeiten. Naturfasergarne sind meist sehr robust, synthetische Mischgarne können zerfallen und müssen daher auf niedrigster Stufe gebügelt werden. Spannen Sie jedes Strickstück mit der rechten Seite nach unten auf einer gepolsterten Unterlage in Form und überprüfen Sie die Größe mit einem Maßband. Legen Sie ein feuchtes Küchenhandtuch auf das Strickstück und setzen das Eisen vorsichtig auf. Bügeln Sie nicht zu fest oder direkt auf dem Gestrickten.

Wenn das Garn sehr empfindlich oder strukturiert ist, spannen Sie die Strickerei nur, ohne sie zu dämpfen, besprühen die Teile und lassen sie trocknen.

## ZUSAMMENNÄHEN

Das Geheimnis unsichtbarer Nähte ist das Zusammennähen auf der rechten Seite. Dies wird auch Matratzenstich genannt und bietet sich für das Zusammenfügen von Seiten- und Ärmelnähten der meisten Strickmuster an.

## UNSICHTBARE NAHT NÄHEN

Legen Sie die Teile flach, mit der rechten Seite nach oben aus und die aneinander zu fügenden Ränder so, dass die

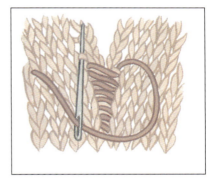

Strickreihen vertikal zusammenliegen. Beginnen Sie an einem unteren Rand, (erste Seite). Stechen Sie von unten in den Anschlagsrand der zweiten Seite und ziehen den Faden nach oben durch, dann wieder von unten in den Rand der ersten Seite. Ziehen Sie den Faden fest, dass beide Teile auf gleicher Höhe liegen. Fassen Sie bei der zweiten Seite mit der Nadel von unten den 1. Querfaden zwischen Randmasche und nächster Masche der ersten Reihe und ziehen Sie den Faden durch. Arbeiten Sie so weiter und verbinden die jeweiligen Reihenenden, ohne dass Maschen zerteilt werden.

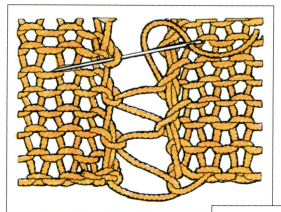

**1** Legen Sie die Ränder nebeneinander, sodass die entsprechenden Reihen auf gleicher Höhe liegen. Nähen Sie im Zickzack durch die Knötchen jeder Reihe, abwechselnd von Rand zu Rand und ziehen Sie dann die Arbeit zusammen, sodass sie hält, aber nicht zu fest ist.

**2** Die fertige Rand-an-Rand-Naht.

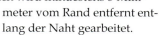

## NAHT IM MASCHENSTICH

Dies ist die meist verwendete Art. Die Naht ist fest und robust und sieht auf der rechten Seite sauber aus. Die Ränder sollten nebeneinander liegen, rechts auf rechts. Der einfache Maschenstich wird mindestens 5 Millimeter vom Rand entfernt entlang der Naht gearbeitet.

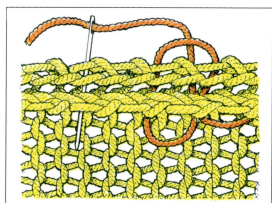

**1** Stechen Sie durch die Mitte jeder Masche, damit jeweils die entsprechenden Maschen der beiden Teile aufeinander treffen. Arbeiten Sie durchgängig gerade durch die Mitte derselben Linie oder Maschenreihe.

**2** Die fertige Maschenstich-Naht, von der Rückseite betrachtet.

## RIPPENMUSTER
Rippenmuster müssen gut geplant werden, damit die jeweiligen Randmaschen beim Zusammennähen eine Rippe ergeben.

## STREIFEN
Streifen- und Farbmuster lassen sich leichter zusammenfügen, wenn man sie von rechts zusammennäht.

• AUSARBEITUNG •

---
### PROFI-TIPP

Bedecken Sie ein gepolstertes Bügelbrett mit einem karierten Stoff, um die Reihen beim Spannen der Teile besser angleichen zu können.
---

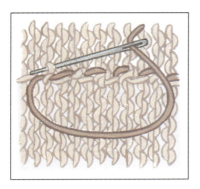

### VOR- ODER STEPPSTICH

Damit erhält man feste Nähte. Halten Sie die Teile rechts auf rechts zusammen. Beginnen Sie auf der rechten Seite. Legen Sie die Reihen aneinander und arbeiten Sie eine Masche vom Rand entfernt. Stechen Sie bei beiden Strickteilen durch die Maschen der ersten und der zweiten Reihe, dann nach unten zwischen die erste Reihe und dem Anschlagsrand. Stechen Sie die Nadel ein oder zwei Reihen später wieder nach oben durch und neben dem vorherigen Stich wieder nach unten. Achten Sie darauf, dass Sie zwischen die gestrickten Maschen stechen.

### ÜBERWENDLINGSSTICH

Das Festheften von Futter oder Reißverschlussbesätzen geht leichter mit diesem Stich. Heften Sie die Teile mit der linken Seite nach oben, sodass sich die Reihen entsprechen. Ziehen Sie die Nähnadel abwechselnd unter einen Querfaden des Hauptstücks und einer Randmasche durch. Achten Sie darauf, dass man die Stiche nicht auf der rechten Seite sieht und ziehen den Faden nicht zu fest.

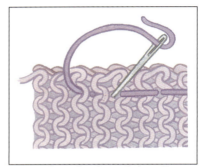

## PROFI-TIPPS

Nähen Sie immer bei gutem Licht. Wenn Sie dunkles Garn verwenden oder bei schlechtem Licht arbeiten, fädeln Sie zusätzlich einen helleren Faden ein, der dann mit vernäht wird, damit die Maschen besser erkannt werden können.

Verwenden Sie einen neuen Faden – keinen, der schon im Strickstück verarbeitet ist. Achten Sie darauf, dass der Faden nicht zu lang ist, damit während des Nähens keine Reibung entsteht und der Faden nicht bricht.

# Weitere Maschenanschläge und Abkettarten

*Mit den Grundtechniken werden Sie bereits einige Erfolge erzielen, aber manchmal können unbekanntere Techniken den letzten Schliff für ein individuelles Kleidungsstück geben.*

Interessante Anschlags- oder Abkettränder können ein Kleidungsstück verwandeln. Details bei Säumen und Blenden lassen die Strickarbeit raffiniert aussehen und sind für Bordüren und farbige oder Intarsien-Strickerein die beste Lösung. Im Maschenstich zu ergänzen ist eine nützliche Technik, wenn im Notfall eines Strickstücks geändert werden muss, und kann auch verwendet werden, um fast unsichtbare Nähte zu erstellen. Verkürzte Reihen zu stricken, ist eine geschickte Art der Formgebung innerhalb einer Strickarbeit. Mit der Kenntnis weiterer Zu- und Abnahme-Techniken werden Sie perfekte Formen gestalten und anspruchsvollere Muster umsetzen.

## KREUZANSCHLAG MIT DOPPELTEM FADEN

Fest geschlungene Knötchen zieren den Rand dieses festen Anschlags. Arbeiten Sie bei einer ungeraden Maschenanzahl nach folgender Anleitung. Für eine gerade Maschenanzahl schlagen Sie eine weitere Masche am Ende an.

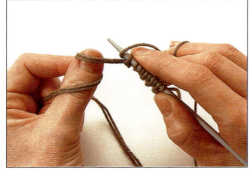

Messen Sie zum Maschenanschlag einen Faden ab, der sechsmal so lang ist wie die eigentliche Länge des Strickrands, verknoten Sie den Faden auf einer Nadel. Nehmen Sie den Unterfaden in der Länge doppelt so, dass das freie Ende auf einer Seite der Knotenschlinge liegt. Nehmen Sie den doppelten Faden in Ihre linke Hand und den einzelnen Faden von dem Knäuel in Ihre rechte Hand. Wickeln Sie den doppelten Faden zweimal um den Daumen der linken Hand, gehen mit der Nadel von unten nach oben durch beide doppelten Garnfäden des Daumen und wickeln Sie den einzelnen Faden um die Nadel, um damit eine Masche aufzunehmens. Ziehen Sie die Enden fest, um den Knoten näher an die Nadel zu schieben. Holen Sie den einzelnen Faden nach vorn und schlagen ihn um die Nadel, um eine Masche aufzunehmen. Fahren Sie so mit dem paarweisen Anschlag von Maschen fort. Als letzte Masche stricken Sie eine Masche vom Daumen.

Die dekorative Qualität dieses Anschlags sieht man am unteren Rand eines Pullovers im typischen Guernsey-Stil.

## MASCHENANSCHLAG MIT KNÖTCHENRAND

Diese Art des Anschlags bildet unter jeder Masche einen kleinen Knoten und lässt einen attraktiven, doppelt gestärkten Rand entstehen.

Messen Sie zum Anschlag einen Faden ab, der viermal so lang ist wie die eigentliche Länge des Strickrands, befestigen Sie den Faden mit einem Schlingknoten auf einer Nadel. Schlagen Sie eine Masche nach der Daumenmethode auf und heben dann die Knotenschlinge über die Masche. Schlagen Sie zwei weitere Maschen an und heben die erste der beiden Maschen über die zweite, schlagen Sie so die erforderliche Anzahl Maschen an.

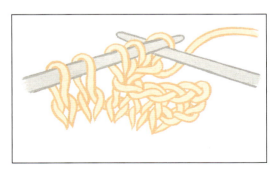

## MÄUSEZÄHNCHEN

Anstelle des einfachen Abkettens können Sie diese hübsche Abkettart versuchen. Werden die Mäusezähnchen (Pikots) bei jeder Masche gestrickt, entsteht ein glockenförmiger Rand. Sie können auch verlängert werden, damit der Rand glatt bleibt.

Stechen Sie mit der rechten Nadel in die erste Masche der linken Nadel und stricken Sie eine Masche, aber heben Sie die Masche nicht von der linken Nadel, sondern heben Sie die neue Masche ebenfalls auf die linke Nadel. Stricken Sie genauso eine weitere neue Masche. Ketten Sie vier Maschen ab und heben Sie dann die übrig gebliebene Masche wieder auf die linke Nadel. Wiederholen Sie diesen Schritt während der ganzen Reihe, stricken Sie zwei Maschen und ketten Sie vier ab.

## ABKETTNÄHTE

Rücken- und vordere Schulterkanten sind bequemer durch gemeinsames Abketten zusammenzufügen als durch separates Abketten und Zusammennähen. Sie können wie hier unten abgebildet unsichtbar von links oder – als Bestandteil des Entwurfs – von rechts abketten.

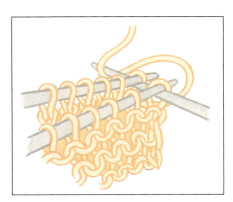

1 Ketten Sie die Schultermaschen nicht ab, sondern lassen Sie sie auf einer separaten Nadel. Legen Sie Vorder- und Rückenschulterteil rechts auf rechts zusammen. Die Nadeln zeigen in die gleiche Richtung. Nehmen Sie eine dritte Nadel und stricken Sie die erste Masche der vorderen Nadel zusammen mit der ersten Masche der hinteren Nadel.

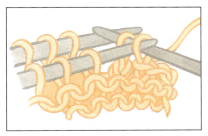

2 Stricken Sie das nächste Paar Maschen zusammen und heben Sie die erste Masche der rechten Nadel wie gewohnt über die zweite. Arbeiten Sie weiter, bis alle Maschen abgekettet sind. Wenn Sie zwei links-auf-links-gelegte Strickteile gleichzeitig abketten, stellen Sie sicher, dass der beim Abketten entstehende Abkettrand bei beiden Schultern in die gleiche Richtung zeigt.

### PROFI-TIPP

Wenn Sie geformte Schulterteile auf diese Weise zusammenfügen wollen, ketten Sie nicht Maschen gruppenweise ab, sondern arbeiten Sie stattdessen mit verkürzten Reihen. Die Schultern können dann zusammen abgekettet werden.

# Bund, Saum, Blende

*Genauso wie man Anschlag- oder Abkettkanten im Rippenmuster oder kraus-rechts stricken kann, kann man doppelt gelegte Säume oder Blenden als stärkeren Abschluss stricken.*

### RIPPENMUSTER

Werden rechte und linke Maschen nicht nur in Reihen, sondern auch innerhalb der Reihen abwechselnd gestrickt, so bildet sich ein Muster aus vertikalen Linien von abwechselnd rechts- und links-gestrickten Maschen: ein Rippenmuster. Die Maschen so zu variieren, bewirkt eine große Elastizität. Daher werden Rippenmuster häufig für Saum oder Armbündchen verwendet oder wenn das Kleidungsstück gut anliegen soll. Für Rippenmuster gibt es eine breite Palette von Kombinationsmöglichkeiten rechter und linker Maschengruppen. Wird nach einer rechten Masche eine linke Masche gestrickt, sollte das Garn nach vorn geholt werden, bevor die linke Masche gestrickt wird. Ebenso sollte der Faden nach hinten genommen werden, bevor nach einer linken Masche eine rechte Masche gestrickt wird.

### EINFACHES RIPPENMUSTER

(auch bekannt als 1×1-Rippenmuster)
Schlagen Sie eine ungerade Anzahl von Maschen an.
**1. R:** *1 re, 1 li, wdh ab * bis zur letzten M, 1 re str.
**2. R:** *1 li, 1 re, wdh ab * bis zur letzten M, 1 li str.

Diese beiden Reihen werden wiederholt, bis die Strickarbeit die richtige Länge hat. Während des Strickens werden Sie feststellen, dass die Strickerei sich zusammenzieht, sodass nur noch die rechten Maschen zu sehen sind und die linken Maschen versteckt liegen.

### DOPPELTES RIPPENMUSTER

(auch bekannt als 2×2-Rippenmuster)
Schlagen Sie eine durch 4 teilbare Anzahl von Maschen und 2 zusätzliche Maschen am Ende an.

**Einfaches Rippenmuster**

**Doppeltes Rippenmuster**

**1. R:** \* 2 re, 2 li, wdh ab \* bis zu den letzten 2 M, 2 re str.
**2. R:** \* 2 li, 2 re, wdh ab \* bis zu den letzten 2 M, 2 li str.

Wiederholen Sie diese bis zur richtigen Länge. Die zwei Extramaschen werden hinzugefügt, um das Muster mittig auszurichten, damit es an beiden Rändern gleich ist. Rippenmuster können auch Kombinationen gestrickt werden wie 3×4, 2×1 und 5×3. Man kann Bündchen oder Blenden mitstricken, um einen festeren doppeltgestrickten Abschluss zu erhalten.

## BRIEFECKEN

Beim Aufeinandertreffen von Saum oder Blende oder zwischen Randabschluss und vorderer Blende ist eine Briefecke der sauberste Übergang. Dazu müssen Sie eine zugenommene Masche abnehmen, um einen 45°-Winkel zu erhalten. Bei Kraus-rechts-Gestricktem oder einem Perlmuster entsteht durch das Formen in jeder zweiten Reihe dieser Winkel. Um beim Glatt-rechts-Stricken einen korrekten Winkel zu erhalten, muss u. U. abwechselnd über jede zweite Reihe und in jeder Reihe zu- und abgenommen werden, da hier die Maschen breiter als hoch sind.

Hier bilden der kraus-rechts-gestrickte Rand und die vordere Blende eine saubere Briefecke.

## SÄUME

Die unteren Ränder werden normalerweise als Bündchen gestrickt, aber sie können auch umgeschlagen werden. Wird ein Saum auf diese Art angefertigt, sollte darauf geachtet werden, dass der Saum sich nicht kräuselt. Um dies zu vermeiden, empfiehlt es sich, den Saum teilweise oder komplett mit einer kleineren Nadelstärke oder mit weniger Maschen zu stricken. Es ist ebenfalls wichtig, dass die Saumlänge auf der Rückseite geringfügig kürzer ist als die Saumlänge der Vorderseite, damit der Saum sich nicht kräuselt. Es gibt zwei Arten, die Umschlagkante des Saums zu markieren:
• Eine Reihe linker Maschen auf der rechten Seite der Arbeit zu stricken.
• Die Umschlagkante mit einer Nadel

• BUND, SAUM, BLENDE •

stricken, die zwei oder drei Nummern stärker ist als der Rest des Saums.

Abschließend können Säume entweder festgenäht oder festgestrickt werden.

## FLACHER SAUM

Ein gestrickter Saum kann nach oben umgeschlagen werden und auf dieselbe Art wie ein Saum aus gewebtem Material mit den so genannten Überwendlingsstichen festgenäht werden. Da dies unförmig ist, und der gefaltete Rand sich auseinander ziehen kann, sollte vorzugsweise ein sauberer, gestrickter Saum angefertigt werden.

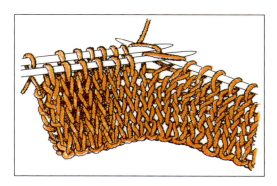

Schlagen Sie mit Nadeln einer geringeren Stärke als die bei dem Hauptteil der Strickarbeit verwendeten im Luftmaschenanschlag relativ locker die Maschen an. Stricken Sie die ganze Länge des Saums glatt rechts. Markieren Sie die Umschlagkante durch eine anders gestrickte Reihe – drei krauslinks- oder drei krauss-rechts-gestrickte Reihen, die mittlere Reihe bildet den Umbruch. Wechseln Sie zu Nadeln der normalen Stärke und stricken Sie weiter glatt-rechts, bis die Länge ab Umbruch mit der des Saums übereinstimmt. Beenden Sie den Saum mit einer Links-Reihe, um den Saum mit der nächsten Reihe zu verbinden, schlagen Sie ihn auf der Rückseite um und stricken die erste Masche der linken Nadel mit der ersten Masche der Anschlagskante zusammen. Arbeiten Sie so bis zum Ende weiter.

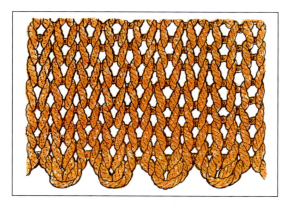

## PIKOT–SAUM

Eine sehr attraktive Weise, den Umbruch eines Saums zu markieren, ist das Stricken einer Lochmusterreihe, die, wenn der Saum umgeschlagen wird, eine Reihe schon ausgearbeiteter „Mäusezähnchen" ergibt. Stricken Sie die Länge des Saums und beenden Sie ihn mit einer Linksreihe. Wenn die Strickarbeit

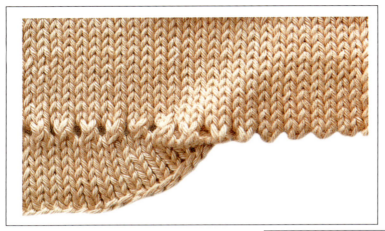

Die Maschen zwischen den Lochmustermaschen formen beim Umschlagen des Saums die „Mäusezähnchen".

eine ungerade Anzahl von Maschen hat, stricken Sie die nächste Reihe folgendermaßen:
1 re, *Faden nach vorn legen, 2 M zus str; wiederholen Sie ab * bis zum Ende. Bei einer geraden Anzahl von Maschen beginnen Sie die Reihe mit 2 re.

## BLENDEN

Im Gegensatz zu Schleifenband oder einer Stoffblende wird eine glatt-rechtsgestrickte Blende sehr elastisch sein und farblich perfekt passen. Für die Kanten der Vorderseiten einer Strickjacke wird die Blende am besten in einem Stück mitgearbeitet. Um sicherzustellen, dass die Blende immer in derselben Masche der Reihe umgeschlagen wird, heben Sie diese Masche bei jeder Rechtsreihe einfach nur ab.

Die abgehobene Masche bildet eine natürliche Umbruchkante für eine Blende.

• BUND, SAUM, BLENDE •

# Im Maschenstich nähen

*Das Nähen einer Maschenreihe ergibt eine unsichtbare Naht. Mit dieser Technik können Sie die Länge verändern oder Schulternähte verbinden.*

Verwenden Sie eine stumpfe Nadel, damit die Maschen nicht zerfasern und achten Sie auf genug Garn für eine Reihe. Ziehen Sie die Stiche fest, sodass sie die gleiche Spannung wie die Maschen haben. Um ein Kleidungsstück in der Länge zu bearbeiten, schneiden Sie den Faden einer mittleren Masche durch und nehmen dann – während Sie den Faden vorsichtig herausziehen – die Schlingen der Maschen der Reihe oberhalb und der Reihe unterhalb auf.
Um das Kleidungsstück zu kürzen, arbeiten Sie in den Maschen der unteren Reihe, indem Sie Reihen auftrennen und dann die Maschen auffangen. Zum Verlängern, fügen Sie weitere Reihen zu. Legen Sie die Strickstücke nebeneinander, die Nadeln zeigen in die gleiche Richtung. Am einfachsten ist es wie hier die Teile im Maschenstich zu verbinden. Sobald Sie wissen, wie man die Maschen nacharbeitet, können Sie das Zusammennähen auch in anderen Strickmustern versuchen.

## MASCHENSTICH IN EINER RECHTEN REIHE

Legen Sie die zusammenzufügenden Teile rechts auf rechts flach aus, sodass die Maschen von den Stricknadeln geschoben werden können, während man sie mit dem Maschenstich zusammennäht.

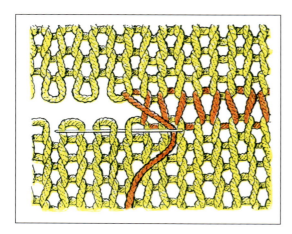

Stechen Sie von unten nach oben durch die erste Masche der letzten Reihe des unteren Strickstücks. Führen Sie den Faden durch die Schlinge der nebenan liegenden Randmasche nach unten und wieder von unten nach oben durch die Mitte der nächsten Schlinge des oberen Strickstücks; dann wieder durch die erste Masche des unteren Strickstücks von oben nach unten und hoch durch die nächste Masche. Arbeiten Sie so weiter, bis alle Maschen und Schlingen zu einer Reihe verbunden sind.

## ZUSAMMENNÄHEN EINER LINKS-GESTRICKTEN REIHE

Legen Sie die Strickarbeit auf zwei Nadeln flach aus. Die genähten Maschen werden eine linke Reihe ergeben.

Stechen Sie die Nadel von oben nach unten durch die erste Masche der unteren Strickarbeit und von unten nach oben durch die Schlinge der Randmasche und wieder durch die Mitte der nächsten Schlinge der oberen Reihe nach unten. Dann stechen Sie von unten nach oben durch die erste Masche der unteren Strickarbeit. Arbeiten Sie die Reihe durch, ziehen Sie dabei öfters den Faden an.

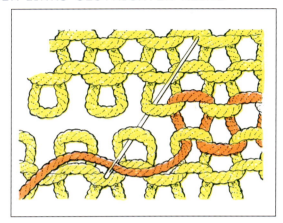

## MASCHENSTICH VERBINDEN

Ist sehr nützlich für das Zusammenfügen von Schulterpartien. Da die Maschen in entgegengesetzte Richtungen laufen, liegen die Randmaschen nicht genau aufeinander, dies kann man mit einer Naht verdecken.

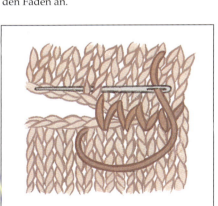

Führen Sie den Faden durch die Mitte der ersten Masche der Vorderseite nach oben. Stechen Sie von oben durch die Randmasche der Rückseite und wieder nach unten durch die erste Masche. Arbeiten Sie so weiter, indem Sie jedes Mal eine ganze Masche einnähen, damit Vorder- und Rückseitenmaschen genau aufeinander liegen.

### PROFI-TIPP

Verwenden Sie zwei Rundstricknadeln, wenn Sie von der Mitte einer Reihe aus die Maschen auftrennen: eine zum Aufnehmen der unteren Maschen, die andere für die oberen Schlingen.

• IM MASCHENSTICH NÄHEN •

# Verkürzte Reihen stricken

*Verkürzte Reihen entstehen, indem man Maschen wendet und ungestrickt lässt. Sie können gut zum Ausformen einer Strickarbeit verwendet werden.*

Um eine starke Schräge anzufertigen, lassen Sie ein oder zwei Maschen ungestrickt; für eine sanftere Neigung lassen Sie mehr Maschen ungestrickt. Wenn Sie auf beiden Seiten Maschen ungestrickt lassen, erhalten Sie eine symmetrische Form. Für einen ebenmäßigen Übergang, arbeiten Sie einen festen Umschlag, bevor Sie die Arbeit wenden und die Rückreihe stricken.

**1** Stricken Sie die für die verkürzte Reihe nötige Anzahl von Maschen rechts, nehmen Sie den Faden nach vorn, heben Sie die nächste Masche links ab und holen Sie den Faden wieder nach hinten.

**2** Nehmen Sie die abgehobene Masche wieder auf die linke Nadel, wenden Sie die Arbeit und stricken Sie die Maschen der nächsten kurzen Reihe.

Dieses Stück zeigt den Gebrauch von verkürzten Reihen bei der Fertigung eines Abnähers. Die Streifen helfen beim Erkennen der Stellen, an denen der Faden um die Hebemaschen geschlungen wurde. Dieselbe Technik kann auch beim Wenden einer Linksreihe verwendet werden.

# Abnahmetechniken

*Rippen- und andere Strickmuster bleiben während der Abnahme erhalten, wenn drei Maschen zusammengestrickt werden. Dies kann ein dekoratives Detail bei Loch- und Patentmustern sein.*

Das Auswählen der richtigen Abnahmetechnik ist entscheidend für die Passform. Die auf Seite 39 gezeigten einfachen Abnahmen reduzieren die Weite einer Strickarbeit jeweils um eine Masche, aber manchmal müssen mehrere Maschen gemeinsam abgenommen werden.

Eine doppelte Abnahme zieht die Strickarbeit schneller zusammen. Bei dem einfachen Rippenmuster kann die doppelte Abnahme so gestaltet werden, dass das Muster in der nächsten Reihe nicht unterbrochen wird. Bei vielen Strickmustern werden doppelte Abnahmen gemeinsam mit doppelten Zunahmen gearbeitet, um hübsche Effekte zu erzielen.

Alle Abnahmen können über mehrere Maschen gearbeitet werden, indem sie zusammengestrickt werden. Es ist sehr wichtig, dass die Ausrichtung der oben aufliegenden Masche beachtet wird. Wenn Sie ein Formteil oder ein besonderes Strickmuster anfertigen, kombinieren Sie für die Abnahme immer eine Linksschräge zusammen mit einer Rechtsschräge. Bei der doppelten symmetrischen Abnahme entsteht durch die dominante mittlere Masche als Detailmerkmal im Design eine Art Pfeil, bei Spitzenmustern entsteht dadurch eine saubere Linie.

### NACH RECHTS GERICHTETE ABNAHMEN

Die leichteste Art zwei Maschen abzunehmen ist, drei Maschen rechts zusammenzustricken. Mit dieser Abnahme wird die am weitesten links liegende Masche obenauf liegen, sodass eine Abnahme mit Neigung nach rechts entsteht. Um diese gleiche Rechtskrümmung in der Rückreihe zu erhalten, müssen Sie die Maschen zusammenziehen.

---

**PROFI-TIPP**

Mehrere Maschen links zusammenzustricken, ist ein einfacher, als sie rechts zusammenzustricken. Versuchen Sie also, große Noppen mit einer linken Masche abzuschließen.

## Drei rechts zusammenstricken

Zählen Sie auf der linken Nadel die Anzahl der Maschen, die gestrickt werden sollen ab. Stechen Sie mit der rechten Nadelspitze von vorn in die dritte Masche ein, dann von vorn durch die anderen beiden Maschen, wickeln Sie wie gewohnt den Faden um die Nadel, ziehen die neue Masche durch alle drei Maschen und nehmen Sie sie zusammen von der linken Nadel.

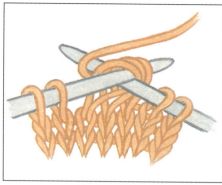

## Drei links zusammenstricken

Stechen Sie mit der rechten Nadel von vorn in die Maschen, wickeln Sie den Faden um die Nadel, ziehen Sie wie gewohnt die Schlinge durch und nehmen die Maschen zusammen von der linken Masche.

## NACH LINKS GERICHTETE ABNAHME

Um eine doppelte Abnahme mit Krümmung nach links in einer Rechtsreihe zu stricken, müssen Sie die erste Masche über eine einzelne abgenommene Masche (=Abkettmasche) ziehen. Um auf der linken Reihe die gleiche Abnahme zu haben, müssen Sie drei Maschen links verschränkt zusammenstricken.

Heben Sie die erste Masche wie beim Rechtsstricken ab. Stricken Sie die nächsten beiden Maschen zusammen, ziehen Sie die erste Masche über die zweite.

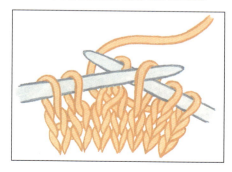

Die erste Masche liegt oben, sodass sich die Abnahme nach links krümmt.

## SYMMETRISCHE DOPPELTE ABNAHME

Das Stricken einer Abnahme, bei der immer jeweils eine Masche von jeder Seite abgenommen wird, bis die mittlere Masche übrig bleibt, birgt viele Möglichkeiten für das Stricken von Formen und schönen Strickmustern.

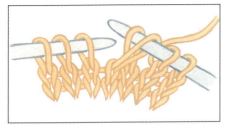

1 Stechen Sie mit der rechten Nadel erst in die zweite und dann in die erste Masche, als ob Sie sie zusammenstricken wollen, und heben Sie diese Maschen auf die rechte Nadel.

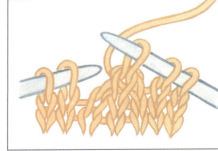

2 Stricken Sie die nächste Masche rechts, dann ziehen Sie die beiden abgehobenen Maschen über – die mittlere Masche der Abnahme liegt obenauf.

Um wie hier Abnahmen auf beiden Seiten symmetrisch zu arbeiten, stricken Sie die ersten fünf Rippenmaschen, dann am Anfang der Reihe drei Maschen rechts zusammen. Am Ende der Reihe heben Sie eine Masche ab, stricken zwei zusammen und ziehen die abgehobenen Maschen über die fünfte Rippe. Da bei diesen Abnahmen jeweils drei Maschen gleichzeitig zu einer reduziert werden, ist das Rippenmuster in der folgenden Reihe nicht unterbrochen.

Hier laufen die Rippen auf die Mitte zu und die abgenommenen Maschen sind sauber unter der mittleren Masche versteckt. Das Rippenmuster bleibt für die folgenden Reihen ununterbrochen erhalten.

# Zunahmetechniken

*Mit den Grundtechniken für Zunahmen wird immer eine Masche zugenommen. Mit den folgenden Arten nimmt man zwei Maschen zu.*

Für Lochmuster sind Zunahmen mehrerer Maschen sehr nützlich, und auch bei anderen Mustern, wie dem Rippenmuster sehr gut zu verwenden, um während des Formens die korrekte Maschenanzahl zu behalten. Einfache Rippenmuster werden dekorativ geformt, wenn eine symmetrische Zunahme aus einer tiefer eingestochenen Masche gearbeitet wird.

> **PROFI-TIPP**
>
> Wenn Sie nur eine Masche zunehmen wollen, verwenden Sie folgende Methode: Stricken Sie zuerst aus dem Querfaden eine Masche rechts, so dass die nächste Masche und die neue Masche als rechte Maschen erscheinen. Stricken Sie zuerst die Masche und dann eine neue aus dem Querfaden, wenn die Zunahme als linke Masche erscheinen soll.

## EINE MASCHE MIT UMSCHLAG ZWEIMAL STRICKEN

Wenn Ihre Anleitung besagt, dass sie zwei Maschen aus einem doppelten Umschlag der vorherigen Reihe stricken sollen, dann probieren Sie diese hübsche Variante aus, die neu gestrickten Maschen einzubauen.

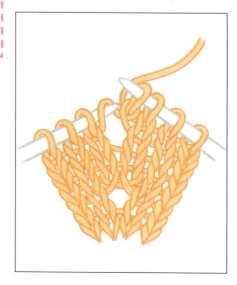

Stricken Sie bis zum Umschlag, dann stricken Sie von hinten verschränkt in die Schlinge. Lassen Sie den zweiten Umschlag von der linken Nadel fallen, heben ihn mit der linken Nadel wieder wie abgebildet auf und zwar so, dass er gewendet ist zur anderen Richtung und stricken Sie ihn verschränkt rechts von vorn. Die beiden Maschen bilden eine saubere umgedrehte V-Form oberhalb des Lochs.

## DOPPELTE ZUNAHME AUS EINER TIEFER EINGESTOCHENEN MASCHE

Strickt man von vorn und hinten rechts verschränkt aus der oberen Masche der darunter liegenden Reihe, so erhält man eine sehr dekorative Zunahme, die für Rippen- oder Perlmuster sehr gut geeignet ist, da die Muster dann nicht versetzt erscheinen. Diese Art der Zunahme kann variiert werden, indem man den Querfaden von hinten verschränkt-rechts strickt oder den Querfaden links-verschränkt strickt.

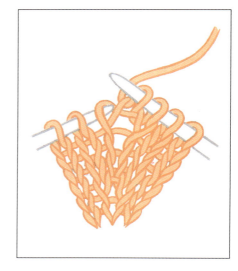

Stricken Sie bis zur Zunahme, heben Sie die Masche der unteren Reihe vor der nächsten Masche auf die linke Nadel und stricken sie als rechte Masche. Stricken Sie die Masche der linken Nadel rechts, dann heben Sie die soeben gestrickte Masche auf die linke Nadel und stricken sie erneut rechts.

Zunahmen aus einer tiefer eingestochenen Masche lassen die Formung bei einfachen Rippenmustern sehr dekorativ aussehen. Damit das Rippenmuster nicht versetzt erscheint, stricken Sie die aufgehobene Masche verschränkt-rechts um rechte Maschen zu arbeiten und stricken Sie die aufgehobenen Maschen verschränkt-links, um linke Maschen zu erhalten.

• ZUNAHMETECHNIKEN •

# Schrägen und Zickzack

*Mustereffekte in Schrägoptik und Zickzackstreifen können als Form gebende Elemente innerhalb der Strickarbeit erstellt werden.*

Wenn Sie in jeder zweiten Reihe an der einen Seite eine Masche zunehmen und an der gegenüberliegenden Seite eine abnehmen, sodass die Maschenzahl konstant bleibt, wird die Strickarbeit eine Neigung erhalten, während die Maschen weiterhin senkrecht aufeinander liegend verlaufen.

Abnahmen am Anfang und Zunahmen am Ende der Reihe neigen die Strickarbeit nach links, Zunahmen am Anfang der Reihe und Abnahmen am Ende formen eine Neigung nach rechts. Diese Methode wird oft zur Herstellung von angestrickten Blenden verwendet, aber damit können auch Strickarbeiten in jeder Größe geformt werden. Die hier gezeigten Beispiele sind glatt-rechts gestrickt – die Streifen wurden eingestrickt, um die Neigung zu verdeutlichen –, aber plastische Strickmuster und Farbmotive können ebenfalls so geformt werden. Der Winkel der Neigung kann variiert werden, indem man die Formung in größeren Abständen voneinander entfernt strickt.

Kombinieren Sie linke und rechte Schrägoptik, um ein Zickzackmuster zu erhalten, bei dem die Maschen fächerförmig nach außen oder zur Mitte hin laufen. Sie müssen dafür eine doppelte Zu- oder Abnahme in der Reihenmitte stricken oder einzelne Zu- oder Abnahmen an jeder Seite von einer oder mehreren mittleren Maschen anfertigen. Schrägoptik kann für jede Größe verwendet oder als nach oben und nach unten gerichtete Zacken kombiniert werden.

## SCHRÄG STRICKEN

Um ein schräg fortgesetztes Streifenmuster anzufertigen, schlagen Sie einige Maschen auf und stricken Sie Zu- und Abnahmen ein oder zwei Maschen vom Rand entfernt.

## PROFI-TIPP

Versuchen Sie, ein Jacquard-Streifenmuster schräg zu stricken: die Motive werden aussehen, als ob Sie sich nach links oder rechts bewegen, je nach gefertigter Neigung.

Für eine Neigung nach links, nehmen Sie in jeder rechten Reihe am Anfang eine Masche ab und am Ende eine Masche zu.

Für eine Neigung nach rechts, nehmen Sie in jeder rechten Reihe am Anfang eine Masche zu und am Ende eine Masche ab.

## ZICKZACK-MUSTER

Die abgebildeten Beispiele sind glattrechts gestrickt mit einer Formung in jeder Rechtsreihe. Sie können die Abstände der Zu- und Abnahmen auch variieren, um sie Ihrem Strickmuster anzupassen.

Unten: Zunahmen an jeder Seite der mittleren Masche und Abnahmen an jedem Ende einer Rechtsreihe lassen die Maschen aus der Mitte heraus fächerförmig verlaufen, sodass ein nach oben gerichtetes Zickzack-Muster entsteht

Oben: Doppelte Abnahmen in der Mitte und Zunahmen am Ende jeder Rechtsreihe lassen die Maschen auf die Mitte zulaufen, sodass ein nach unten gerichtetes Zickzack-Muster entsteht.

• SCHRÄGEN UND ZICKZACK •

# Bibliothek der Maschen

*Die Palette der Kombinationen rechter und linker Maschen reicht vom Abstrakten bis hin zum Bildlichen. Zopfmuster haben eine plastische Wirkung und beruhen auf einer der sicherlich wandlungsfähigsten Techniken. Zopfmuster können für sich allein oder in Kombination mit anderen Strickmustern verwendet werden. Noppen- und Lochmuster sind eine wunderschöne Ergänzung, ebenso verschränkte Maschen. In diesem Kapitel finden Sie dazu einige Beispiele.*

# RECHTE UND LINKE MASCHEN

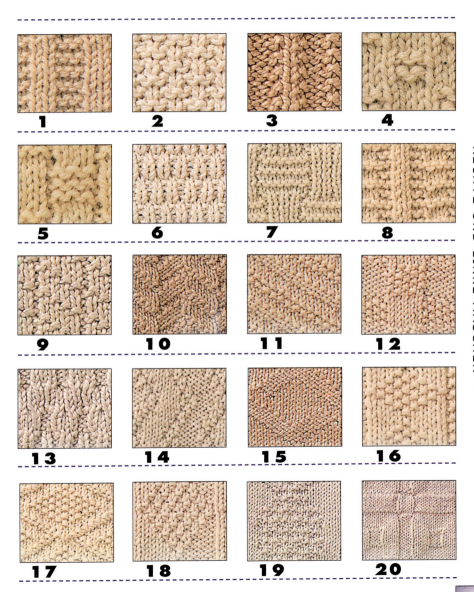

# ZOPFMUSTER

# ZOPFMUSTER

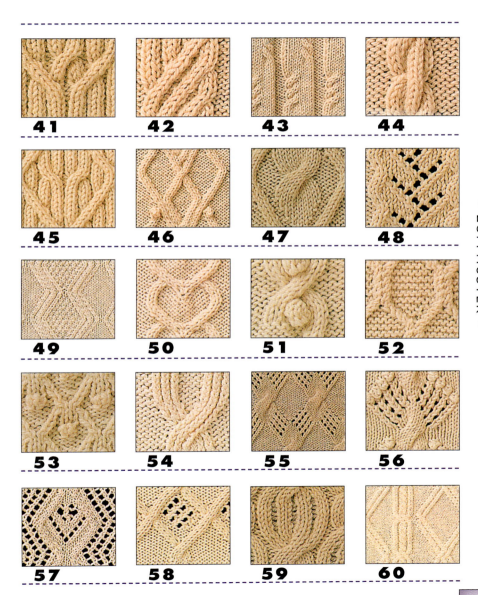

# LOCH- UND NOPPENMUSTER

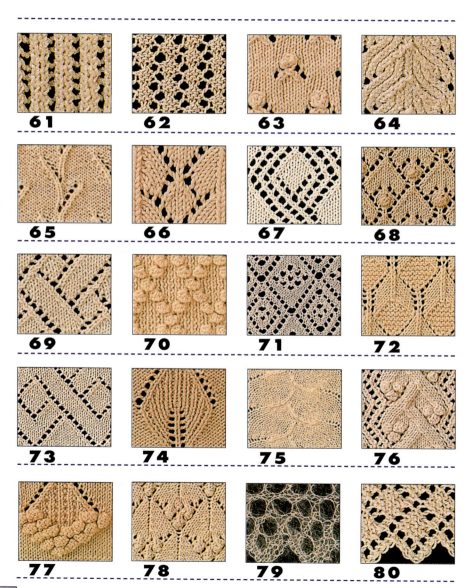

# VERSCHRÄNKTE MASCHEN UND ANDERE MUSTER

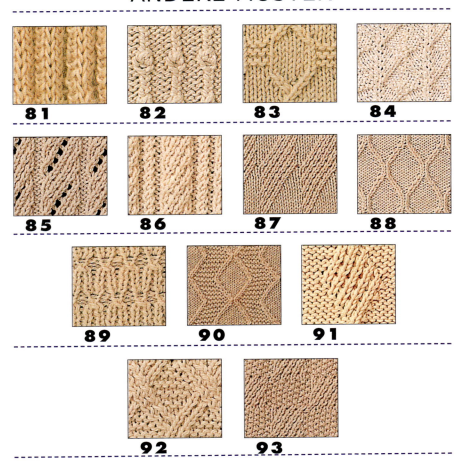

# Arbeiten mit Strickschriften

*Der größte Vorteil einer Strickschrift ist, dass sofort der Zusammenhang von Maschen und Reihen erkannt werden kann.*

Durch die Kontinuität der bildlichen Darstellung von Maschen und Reihen kann man den Aufbau eines Musters verstehen, was das Erinnern eines Rapports erleichtert. Ein weiterer Anreiz ist die Überarbeitung bestehender Muster und das Erfinden neuer.

Da die Anzahl der in den Anleitungen verwendeten Symbole relativ gering ist, können sie alle nach und nach erlernt werden. Die hier verwendeten Symbole wurden als bildhafte und weniger als abstrakte Darstellungen einer Masche oder Technik ausgewählt.

## STRICKSCHRIFT A
- Jedes Quadrat steht für eine Masche und jede Reihe von Quadraten steht für eine Reihe von Maschen.
- Die Nummern an der Seite der Strickschrift beziehen sich auf die Anzahl der Reihen und steigen daher von unten nach oben auf (Beispiel).
- Reihen, die an der rechten Seite der Strickschrift gekennzeichnet sind, werden auch von dieser Seite gelesen und stehen für Rechtsreihen.
- Reihen, die an der linken Seite der Strickschrift gekennzeichnet sind, werden von links gelesen und stehen für Linksreihen (Rückreihen). Es ist hilfreich, sich mit der Lesart aller Strickschriften vertraut zu machen. Beim Stricken von nicht symmetrischen Mustern ist dies besonders wichtig.

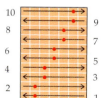

Die Strickschrift A wird so gelesen:
**1. R:** (rechte Seite): 5 re, 1 li, 1 re. (Von rechts nach links gestrickt.)
**2. R:** 1 li, 1 re, 5 li. (Von links nach rechts gestrickt.)
**3. R:** 4 re, 1 li, 2 re. (Von rechts nach links gestrickt.)
**4. R:** 2 li, 1 re, 4 li ... und so weiter, die Rechtsreihen werden von rechts gelesen, die Linksreihen von links.

- Wird ein Strickmuster rund gestrickt, mit der rechten Seite nach vorn, werden alle Reihen von rechts gelesen.

## STRICKSCHRIFT B

Jedes Symbol in einem Quadrat steht für die Art, in der eine Masche gearbeitet wird. Anfangs mag es verwirrend erscheinen, dass ein leeres Quadrat für zwei Maschen steht (in der Hinreihe rechts gestrickt und in der Rückreihe links gestrickt), und dass ein Punkt für zwei Maschen steht (in der Hinreihe links gestrickt und in der Rückreihe rechts). Wenn Sie ein Beispiel mit der dazugehörigen Schrift vergleichen, wird sofort die Logik dieser Methode deutlich: Die leeren Quadrate stehen für die Erscheinung auf der glatten Seite einer Masche wie beim Glatt-rechts-Stricken, und die gepunkteten Quadrate stehen für das Erscheinen auf der gerundeten Seite der Masche wie beim Glatt-links-Stricken. Vergleichen Sie dazu die Strickschriften und Muster B1 (rechts) und B2 (auf der nächsten Seite). Alles, was Sie wissen müssen, um eine Masche links oder rechts zu stricken ist, auf welcher Seite Sie gerade stricken.

Strickschrift B1

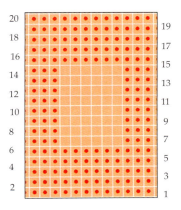

## STRICKSCHRIFT C

Zopfsymbole erstrecken sich über die Anzahl von Maschen, die bei dem Verschränken des Zopfes verwendet werden. So reicht das Glossar der Zopfmuster von kleinsten Zöpfen (Flechtrippen), die nur zwei Maschen benötigen, bis hin zu über neun Maschen gearbeiteten Zöpfen. Die Symbole werden annähernd so wie das resultierende Zopfmuster gezeichnet. In dieser Sammlung wurden die Zöpfe nur in Rechtsreihen gestrickt, daher sollte im Hinterkopf bleiben, dass bei Diagonalen, die nach hinten neigen (zum Anfang der Reihe hin), die Zopfnadel hinter der Arbeit gehalten wird und bei Diagonalen, die eine Neigung nach

**Strickschrift B2**

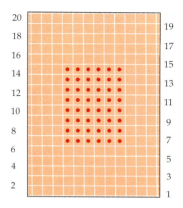

vorn aufweisen (zum Ende der Reihe hin), die Zopfnadel vor der Strickarbeit gehalten wird. Das Symbol bei der Strickschrift C1 steht für 2 M auf die Zopfnadel abheben und die Nadel nach hinten nehmen, 2 M re str, dann 2 M der Zopfnadel re stricken. In Strickschrift C2 steht das Symbol für 2 M auf die Zopfnadel abheben und die Nadel vor die Arbeit nehmen, 2 M re str, dann 2 M der Zopfnadel re stricken.

## STRICKSCHRIFTEN D UND E

Damit manche Strickschriften mehr den resultierenden Zopfmustern ähneln, wurden zusätzliche Hilfslinien eingezeichnet, um die Maschengruppen unterscheiden zu können; sie haben keinerlei Auswirkung auf das Stricken der Maschen. Auf die gleiche Art wurden Linien verwendet, um einzelne Flächen von einander zu unterscheiden, bei denen die Symbole sehr dicht gesetzt und so vielleicht schwieriger zu lesen sind.

**Strickschrift C1**

**Strickschrift C2**

## STRICKSCHRIFT F

Ein ausgefülltes Quadrat steht für das Fehlen einer Masche. Zum Beispiel,

**Strickschrift D**   **Strickschrift E**

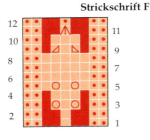

**Diese vertikalen Linien werden nicht gestrickt.**

**Strickschrift F**

wenn eine Masche abgenommen und nicht durch eine neue ersetzt wurde. Diese ausgefüllten Flächen dürfen nie mitgezählt werden und jede Einbuße in der senkrechten Anordnung der Maschen in den Strickschriften muss ignoriert werden.

F zeigt eine Schrift, die mit 5 M beginnt, dann 2 M in der 3. und 5. Reihe zunimmt, in den Reihen 6, 7 und 8 über 9 M gestrickt wird, bevor dann jeweils 2 M auf der 9. und 11. Reihe abgenommen werden und wieder bei 5 M auf Reihe 12 endet.

## STRICKSCHRIFT G

- Eine nicht grau schattierte Fläche der Strickschrift, unter der eine Klammer gezeichnet ist, steht für eine Maschengruppe, die einen Mustersatz (Rapport) bildet.

**Strickschrift G**

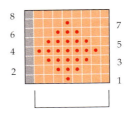

**Rapport von 8 M plus 1.**

Jedes zusätzliche Symbol wird neben der entsprechenden Strickschrift erläutert.

• STRICKSCHRIFTEN •

- Der schattierte Teil zeigt Maschen an, die am Anfang oder am Ende einer Reihe gestrickt werden, um den Rapport symmetrisch zu halten.
- Die Anzahl der nötigen Maschen wird als „Rapport von x M" und die Anzahl der Endmaschen als „plus x" angegeben.

In Strickschrift G bedeutet „Rapport von 8 M plus 1", dass eine Anzahl von Maschen angeschlagen werden muss, die durch 8 teilbar ist, und eine zusätzliche Masche mit angeschlagen wird.

## STRICKSCHRIFTEN H UND I

Ein nicht schattierter Bereich, der von einer H-förmigen Klammer unterstrichen ist, zeigt eine Musterfolge oder ein Motiv an. Schattierte Bereiche geben die theoretische Anzahl von Maschen zu beiden Seiten des Musterbereichs an. In einer Musterfolge werden alle Reihen einer Strickschrift wiederholt. Ein Motiv kann eine ungerade Anzahl von Reihen haben und eine beliebige Anzahl von Rückreihen, die darunter und darüber gearbeitet werden können.

**Strickschrift H**

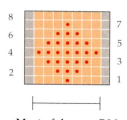

Musterfolge von 7 M

**Strickschrift I**

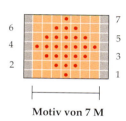

Motiv von 7 M

# Glossar der Symbole

## ABKÜRZUNGEN

| | |
|---|---|
| abh | abheben |
| abgh M | abgehobene Masche |
| i. W. | abwechselnd |
| li | links stricken |
| 2 li | 2 M nach links verschr |
| M | Masche(n) |
| re | rechts stricken |
| überz | überziehen |
| RS | Rechte Seite oder Vorderseite |
| verkr | stricken: nehmen Sie die Nadel hinter die Arbeit, stechen von hinten in die 2. Masche auf der linken Nadel ein und stricken eine M re. Stricken Sie die erste M von vorn, heben beide M zus ab. |
| Verschr | verschränkt |
| Zus | zusammenstricken |
| 2 re | 2 M nach re verschränkt verkr stricken: 2M zus. re str und M auf der Nadel lassen, die rechte Stricknadel zwischen die gerade gestrickten M stechen und die 1. M nochmals stricken; beide M von der Nadel heben. |
| LS | Linke Seite oder Rückseite |
| U | Umschlag arbeiten, indem der Faden als halbe Schlinge um die Nadel gelegt wird, die nächste M normal stricken. |

1 re in der Hinreihe, 1 li in der Rückreihe.

1 li in der Hinreihe, 1 re in der Rückreihe.

1 re verschr in der Hinreihe, 1 li verschr in der Rückreihe.

1 re verschr in der Rückreihe.

1 abh wie beim Linksstr, Faden liegt hinten.

1 abh wie beim Linksstr, Faden liegt vorn.

Faden nach vorn holen und umschlagen, um 1 zuzunehmen.

1 M verschr aus Querf zun, in Querf vor der folg M einstechen und 1 re M von hinten str.

1 M verschr aus Querf zun, in Querf vor der folg M einstechen und 1 li M von hinten str.

1 M zun, indem man die Masche von vorn re str und dann von hinten str.

1 M zun, indem man die Masche von hinten li str und dann von vorn str.

2 M zun, indem man in eine M (1 re str, dann 1 li str, dann wieder 1 re) str.

2 M zun, indem man in eine M (1 re verschr str, dann 1 re) verschr str, dann die Nadel der linken Hand hinter dem Querfaden, der zwischen den beiden gerade gestrickten M nach unten verläuft, einstechen und aus diesem Querfaden 1 M re verschr stricken.

Mehrfache Zunahme – Methode wird neben der Strickschrift erklärt.

2 M re zus str in den Hinreihen, 2 M li zus str in den Rückreihen.

Einfachen Überzug in den Hinreihen str, 2 M li verschr zus str in den Rückreihen.

2 M li zus str in den Hinreihen, 2 M re zus str in den Rückreihen.

2 M li verschr zus str. in den Hinreihen.

3 M re zus str.

3 M re verschr zus str

3 M li zus str

1 M abh, 2 M re zus str, abgeh M überziehen.

2 M abh als ob man 2 M re zus str, 1 M re str, abgehobene M überziehen.

1 M abk.

M nach dem Abketten auf der rechten Nadel.

Knoten: (1 re, 1 li, 1 re, 1 li, 1 re) in M str um 5 M aus einer M zu str, dann 2. M überziehen, 3., 4., 5., 6. und 7. M eine nach der anderen über die erste M ziehen.

Großer Knoten: (1 re, 1 li, 1 re, 1 li, 1 re, 1 li, 1 re) in einer M str um 7 M aus einer zu str., die 2. M überz, 3., 4., 5., 6. und 7. M eine nach der anderen über die erste M ziehen.

Kleine Noppe: (1 re, 1 li, 1 re, 1 li, 1 re) in M str um 5 M aus 1 M zu str, Arbeit wenden, 5 li, wenden, 2. M überziehen, 3., 4., und 5. M eine nach der anderen über die erste M ziehen, dann die M re verschr str.

Große Noppe: (1 re, 1 li, 1 re, 1 li, 1 re) in M str um 5 M aus 1 M zu str, Arbeit wenden, 5 li, wenden, 5 re, wenden 5 li, wenden; die 2. M überziehen, dann die 3., 4., 5. M über die erste ziehen, dann M re verschr str.

Linksgestr. Noppe: (li verschr str, hinten, vorn, hinten, vorn str) in M str um 5 M aus einer zu str, wenden, 5 re str, wenden, 5 li str, wenden 5 re str, wenden, die 2. Überz, dann 3., 4. und 5. M nacheinander über die erste M ziehen, dann M re verschr str.

Breite Noppe: (2 re, wenden, 2 li, wenden) zweimal, (nächste M mit der entsprechenden M der ersten Reihe der Noppe zus str) zweimal.

3 M abh auf Zopfn, den Faden 8-mal gegen Uhrzeigersinn um den Maschenstiel wickeln, bis letztlich der Faden hinten liegt, M auf die rechte Stricknadel heben.

4 M auf Zopfn heben, den Faden gegen den Uhrzeigersinn 4-mal um den Maschenstiel wickeln, bis der Faden hinten liegt, M auf die rechte Stricknadel heben.

5 M auf Zopfn heben, den Faden gegen den Uhrzeigersinn 4-mal um den Maschenstiel wickeln, bis der Faden hinten liegt, M auf die rechte Stricknadel heben.

6 M auf Zopfn heben, den Faden gegen den Uhrzeigersinn 4-mal um den Maschenstiel wickeln, bis der Faden hinten liegt, M auf die rechte Stricknadel heben.

10 M auf Zopfn heben, den Faden gegen den Uhrzeigersinn 4-mal um den Maschenstiel wickeln, bis der Faden hinten liegt, M auf die rechte Stricknadel heben.

Keine M

2 M re verschränkt str: 2 M re zus str, die M auf der Nadel lassen, rechte Nadel zwischen der gerade gearbeiteten M einstechen und erste M nochmals re str; beide M zus abh.

2 M li verschränk str: Nadel hinter die Arbeit nehmen, von hinten die Schlinge der 2. M der linken Nadel re str, 1. M von vorn eingestochen re str; beide M zus abh.

Li M nach re verkreuzen: Nadel vor die Arbeit nehmen, 2. M der linken Nadel re str, erste M li str, beide M zus abh.

Li M nach li verkreuzen: Nadel hinter die Arbeit nehmen, 2. M der linken Nadel von hinten li str, die erste M von vorn re str; beide M zus abh.

3 M verkreuzen: Nadel vor die Arbeit nehmen, 3. M der linken Nadel re str, dann die 2. M, dann die 1. M, alle M zus abh.

## ZÖPFE

1 M auf Zopfn heben und hinter der Arbeit halten, 1 M re str, dann 1 M der Zopfn re str.

1 M auf Zopfn heben und vor der Arbeit halten, 1 M re str, dann 1 M der Zopfn re str.

1 M auf Zopfn heben und hinter der Arbeit halten, 1 M re str, dann 1 M der Zopfn li str.

1 M auf Zopfn heben und vor der Arbeit halten, 1 M li str, dann 1 M der Zopfn re str.

2 M auf Zopfn heben und hinter der Arbeit halten, 1 M re str, dann 2 M der Zopfn re str.

1 M auf Zopfn heben und vor der Arbeit halten, 2 M re str, dann 1 M der Zopfn re str.

2 M auf Zopfn heben und hinter der Arbeit halten, 1 M re str, dann 2 M der Zopfn li str.

1 M auf Zopfn heben und vor der Arbeit halten, 2 M li str, dann 1 M der Zopfn re str.

2 M auf Zopfn heben und hinter der Arbeit halten, 1 M re str, dann letzte M der Zopfn wieder auf Nadel der linken Hand heben und diese M li str, dann 1 M der Zopfn re str.

1 M auf Zopfn heben und vor der Arbeit halten, 1 M re  1 M li str, dann 1 M der Zopfn re str.

1 M auf Zopfn heben und hinter der Arbeit halten, 2 M re str, dann 1 M der Zopfn re str.

2 M auf Zopfn heben und vor der Arbeit halten, 1 M re str, dann 2 M der Zopfn re str.

1 M auf Zopfn heben und hinter der Arbeit halten, 2 M re str, dann 1 M der Zopfn li str.

2 M auf Zopfn heben und vor der Arbeit halten, 1 M li str, dann 2 M der Zopfn re str.

1 M auf Zopfn heben und hinter der Arbeit halten, 2r 2 M re verschr str; dann 1 M der Zopfn li str.

2 M auf Zopfn heben und vor der Arbeit halten, 1 M li str, dann 2 M der Zopfn re verschr str.

2 M auf Zopfn heben und hinter der Arbeit halten, 2 M re str, dann 2 M der Zopfn re str.

2 M auf Zopfn heben und vor der Arbeit halten, 2 M re str, dann 2 M der Zopfn re str.

2 M auf Zopfn heben und hinter der Arbeit halten, 2 M re str, dann 2 M der Zopfn li str.

2 M auf Zopfn heben und vor der Arbeit halten, 2 M li str, dann 2 M der Zopfn re str.

1 M auf Zopfn heben und hinter der Arbeit halten, 3 M re str, dann 1 M der Zopfn li str.

3 M auf Zopfn heben und vor der Arbeit halten, 1 M li str, dann 3 M der Zopfn re str.

3 M auf Zopfn heben und hinter der Arbeit halten, 2 M re str, letzte M der Zopfn wieder auf die linke Stricknadel heben und re str, dann 2 M der Zopfn re str.

2 M auf die erste Zopfn heben und vor der Arbeit halten, 1 M auf zweite Zopfn heben und hinter der Arbeit halten, 2 M re str; 1 M der zweiten Zopfn re str, dann 2 M der ersten Zopfn re str.

3 M auf Zopfn heben und hinter der Arbeit halten, 2 M re str, letzte M der Zopfn wieder auf die linke Stricknadel heben und li str, dann 2 M der Zopfn re str.

2 M auf die erste Zopfn heben und vor der Arbeit halten, 1 M auf zweite Zopfn heben und hinter der Arbeit halten, 2 M re str; 1 M der zweiten Zopfn li str, dann 2 M der ersten Zopfn re str.

1 M auf die erste Zopfn heben und vor der Arbeit halten, 3 M auf zweite Zopfn heben und hinter der Arbeit halten, 1 M re str; 3 M der zweiten Zopfn li str, dann 1 M der ersten Zopfn re str.

2 M auf Zopfn heben und hinter der Arbeit halten, 3 M re str, dann 2 M der Zopfn li str.

3 M auf Zopfn heben und vor der Arbeit halten, 2 M li str, dann 3 M der Zopfn re str.

1 M auf Zopfn heben und hinter der Arbeit halten, 2 M re verkr, 2 M li verkr, dann 1 M der Zopfn re str.

4 M auf Zopfn heben und vor der Arbeit halten, 1 M re str, dann 2 M der Zopfn re verkr, 2 M der Zopfnadel li verkr.

1 M auf Zopfn heben und hinter der Arbeit halten, 2 M re verkr, 2 M li verkr, dann 1 M der Zopfn li str.

4 M auf Zopfn heben und vor der Arbeit halten, 1 M li str, dann 2 M der Zopfn re verkr, 2 M der Zopfn li verkr.

1 M auf Zopfn heben und hinter der Arbeit halten, 2 M li verkr, 2 M re verkr, dann 1 M der Zopfn li str.

4 M auf Zopfn heben und vor der Arbeit halten, 1 M li str, dann 2 M der Zopfn li verkr, 2 M der Zopfn re verkr.

3 M auf Zopfn heben und hinter der Arbeit halten, 3 M re str, dann 3 M der Zopfn li str.

3 M auf Zopfn heben und vor der Arbeit halten, 3 M re str, dann 3 M der Zopfn li str.

4 M auf Zopfn heben und hinter der Arbeit halten, 2 M re str, hintere beiden M der Zopfn wieder auf die linke Stricknadel heben und diese M li str, dann 2 M der Zopfn re str.

2 M auf die erste Zopfn heben und vor der Arbeit halten, 2 M auf zweite Zopfn heben und hinter der Arbeit halten, 2 M re str; 2 M der zweiten Zopfn li str, dann 2 M der ersten Zopfn re str.

4 M auf Zopfn heben und hinter der Arbeit halten, 3 M re str, letzte M der Zopfn wieder auf die linke Strickn heben und diese M re str, dann 3 M der Zopfnadel re str.

4 M auf Zopfn heben und hinter der Arbeit halten, 3 M re str, letzte M der Zopfn wieder auf die linke Strickn heben und diese M li str, dann 3 M der Zopfn re str.

4 M auf Zopfn heben und hinter der Arbeit halten, 4 M re str, dann 4 M der Zopfn re str.

5 M auf Zopfn heben und hinter der Arbeit halten, 4 M re str, dann 5 M der Zopfn re str.

4 M auf Zopfn heben und hinter der Arbeit halten, 5 M re str, dann 4 M der Zopfn re str.

• GLOSSAR DER SYMBOLE •

# Rechte und linke Maschen

*Die Maschen sind die Basis des Strickens. Sie allein bieten eine enorme Vielzahl an Möglichkeiten. Die Glätte der rechts-gestrickten Seite der Maschen und das gerundete Maschenbild der linken Seite können als Kontraste kombiniert werden, um unterschiedliche Strukturen wie Perlmuster und Brokat zu erhalten. Sie können vertikal ausgerichtet werden, um Längsrippen zu bilden, oder horizontal für Kanten. Abwechselnd eingesetzt, können sie zu Flecht- und Karomustern kombiniert werden.*

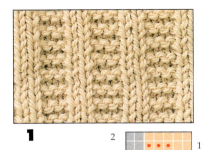

**1**

**Rapport von 5 M plus 2.**

**1. Reihe** (rechte Seite): * 2 re, 3 li; ab * wdh bis zu den letzten 2 M, dann 2 M re.
**2. Reihe:** links stricken.
Reihen 1 und 2 wiederholen.

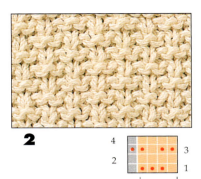

**2**

**Rapport von 4 M plus 1.**

**1. Reihe** (rechte Seite): * 1 re, 3 li; ab * wdh bis zur letzten M, 1 re.
**2. Reihe:** links stricken.
**3. Reihe:** * 2 li, 1 re, 1 li; ab * wdh bis zur letzten M, dann 1 li.
**4. Reihe:** links stricken.
Reihen 1–4 wiederholen.

**4**

**Rapport von 6 M plus 4.**

**1. und 3. Reihe** (rechte Seite): * 1 re, 2 li, 3 re; ab * wdh bis zu den letzten 4 M, dann 1 re, 2 li, 1re.
**2. und jede zweite Reihe:** links stricken.
**5. und 7. Reihe:** * 4 re, 2 li; ab * wdh bis zu den letzten 4 M, dann 4 re.
**8. Reihe:** links stricken.
Reihen 1–8 wiederholen.

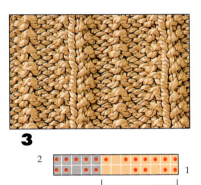

**3**

**Rapport von 8 M plus 5.**

**1. Reihe** (rechte Seite): * 2 li, 1 re, 2 li, 3 re; ab * wdh bis zu den letzten 5 M, dann 2 li, 1 re, 2 li.
**2. Reihe:** 5 re, * 1 re, 1 li, 6 re; ab * wdh bis zum Ende der Reihe.
Reihen 1 und 2 wiederholen.

• RECHTE UND LINKE MASCHEN •

## RECHTE UND LINKE MASCHEN

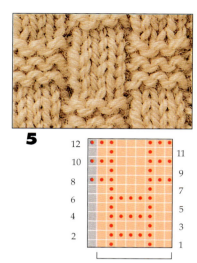

**5**

Rapport von 8 M plus 1

1., 3., 5. und 7. Reihe (rechte Seite): * 2 re, 1 li, 3 re, 1 li, 1 re; ab * wdh bis zur letzten M, dann 1 re.
2., 4. und 6. Reihe: 1 li, * 1 li, 5 re, 2 li; ab * wdh bis zum Ende der Reihe.
8. und 10. Reihe: 1 re, * 2 re, 3 li, 3 re; ab * wdh bis zum Ende der Reihe.
9. und 11. Reihe: 2 re, 1 li, 3 re, 1 li, 1 re; ab * wdh bis zur letzten M, dann 1 re.
12. Reihe: wie 8. Reihe stricken.
Reihen 1–12 wiederholen.

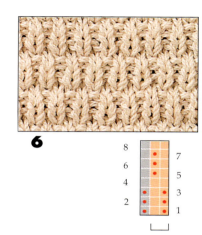

**6**

Rapport von 2 M plus 1.

**7**

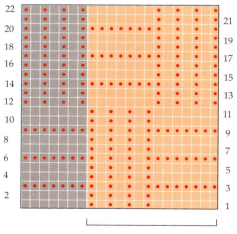

Rapport von 14 M plus 7.

**8**

Rapport von 12 M.

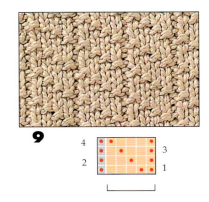

**9**

Rapport von 5 M plus 1.

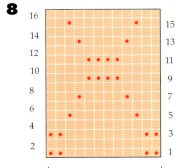

**10**

Rapport von 10 M.

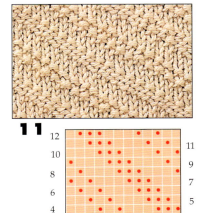

**11**

Rapport von 12 M.

• RECHTE UND LINKE MASCHEN •

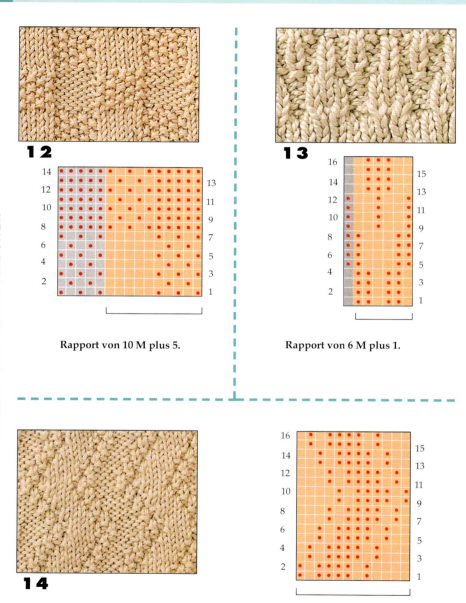

**RECHTE UND LINKE MASCHEN**

**12**

Rapport von 10 M plus 5.

**13**

Rapport von 6 M plus 1.

**14**

Rapport von 12 M. Dieses Muster ist umkehrbar.

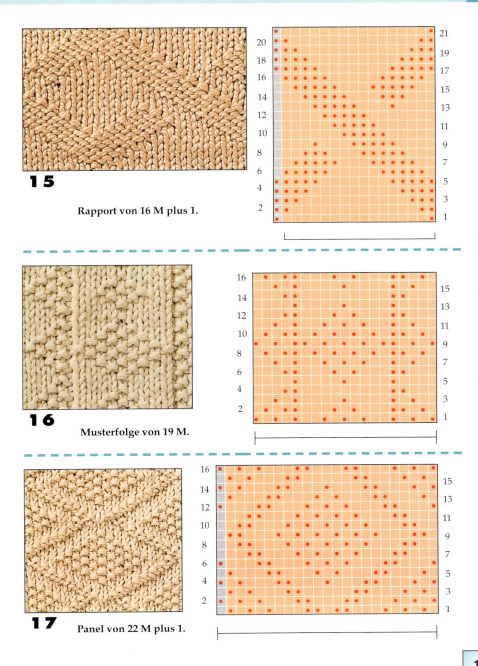

**15**

Rapport von 16 M plus 1.

**16**

Musterfolge von 19 M.

**17**

Panel von 22 M plus 1.

• RECHTE UND LINKE MASCHEN •

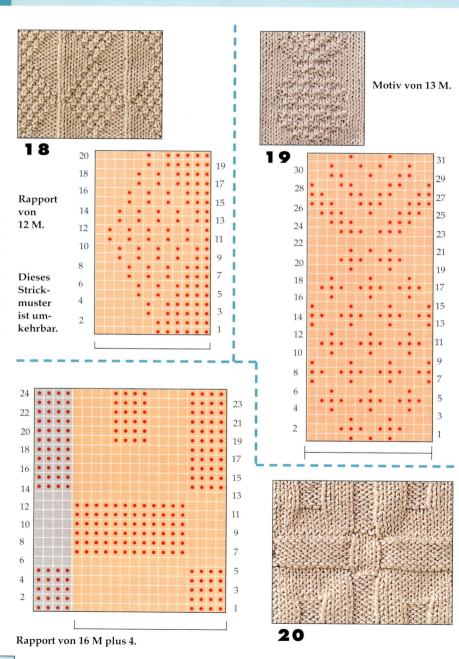

**18** Rapport von 12 M.

Dieses Strickmuster ist umkehrbar.

**19** Motiv von 13 M.

Rapport von 16 M plus 4.

**20**

# Zopfmuster

*Zopfmuster sehen aus wie verkreuzte Seile, ineinander geflochtene Flechten und sich immer wieder überkreuzende Gitter – für den Laien sehen sie sehr kompliziert aus. Das Prinzip ist einfach: Einen Zopf zu stricken, bedeutet lediglich Maschen oder Maschengruppen in einer anderen Reihenfolge zu stricken. Zopfmuster werden normalerweise auf einem glatten oder strukturierten Hintergrund glatt-rechts gestrickt, aber sie sehen besonders wirkungsvoll aus, wenn die Zöpfe in sich ebenfalls plastisch gestaltet sind.*

• ZOPFMUSTER •

**21**

Rapport von 14 M plus 2.

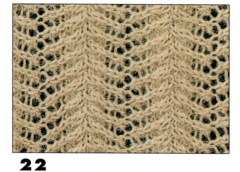

**22**

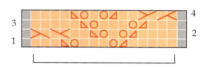

Rapport von 15 M plus 2.

**23**

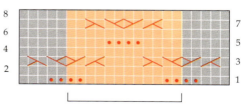

Rapport von 12 M plus 10.

**24**

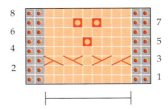

Musterfolge von 9 M.

**25**

Rapport von 23 M plus 11.

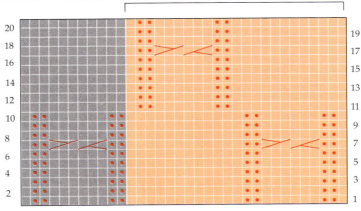

• ZOPFMUSTER •

## • ZOPFMUSTER •

**26**

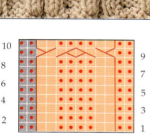

Rapport von 10 M plus 2

**27**

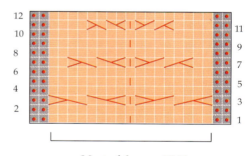

Musterfolge von 17 M.

## ZUR ERINNERUNG

Heben Sie die folg 2 M auf die Zopfnadel und nehmen Sie die Nadel vor die Arbeit, 2 M re str, dann 2 M der Zopfn li stricken.

Heben Sie die folg 2 M auf die Zopfnadel und nehmen Sie die Nadel hinter die Arbeit, 2 M li str, dann 2 M der Zopfnadel re stricken.

**28**

**29**

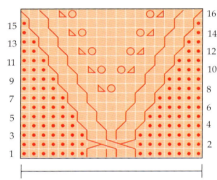

Musterfolge von 19 M

**30**

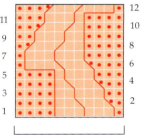

Rapport von 11 M.

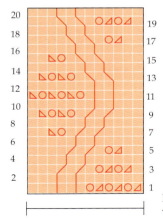

Musterfolge von 12 M.

• ZOPFMUSTER •

## PROFI-TIPP

Die Reihen zwischen den Zöpfen können schwer zu zählen sein. Fädeln Sie einen Kontrastfaden, den Sie später wieder herausziehen können, als Markierung zwischen die Maschen der Zopfreihe.

111

## ZOPFMUSTER

### 31

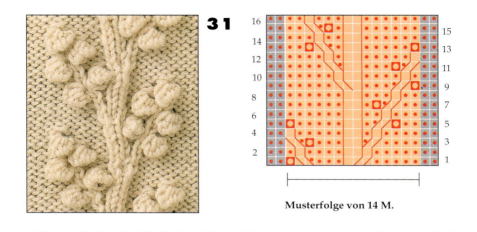

Musterfolge von 14 M.

### 32

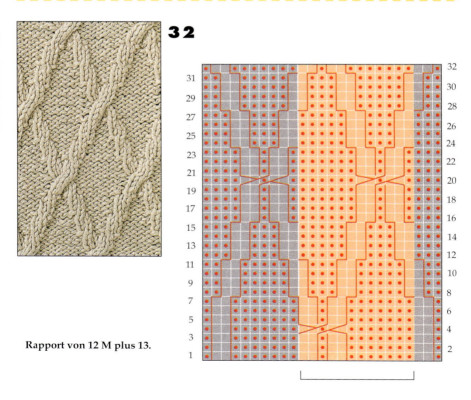

Rapport von 12 M plus 13.

**33**

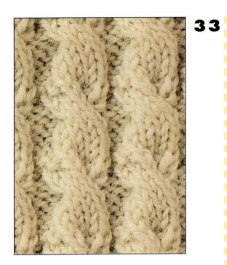

Rapport von 8 M plus 2.

**34**

• ZOPFMUSTER •

## ZUR ERINNERUNG

Heben Sie 3 M auf die Zopfn und nehmen Sie die Nadel vor die Arbeit, 1 re, 2 li, dann die 3 M der Zopfn stricken.

Heben Sie 2 M auf die Zopfn und nehmen die N vor die Arbeit. Heben Sie die nächsten 4 M auf eine zweite Zopfn und nehmen die N hinter die Arbeit, 2 re, dann 4 M der zweiten Zopfn re stricken, dann die 2 M der ersten Zopfn re str.

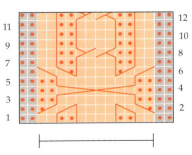

Musterfolge von 12 M.

113

## 35

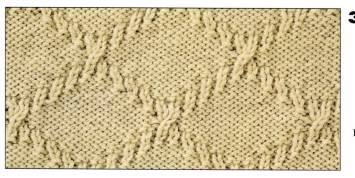

Rapport von 20 M plus 21

• ZOPFMUSTER •

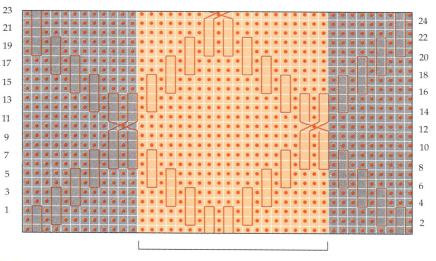

## 36

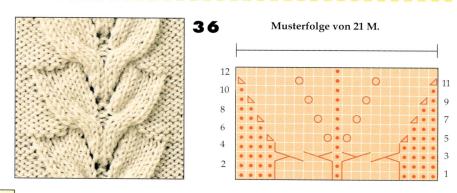

Musterfolge von 21 M.

**37**

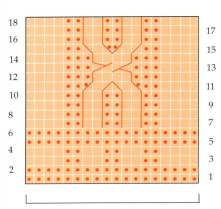

Rapport von 18 M.

**38**

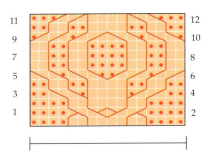

Musterfolge von 16 M.

• ZOPFMUSTER •

## 39

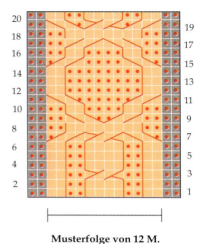

Musterfolge von 12 M.

## 40

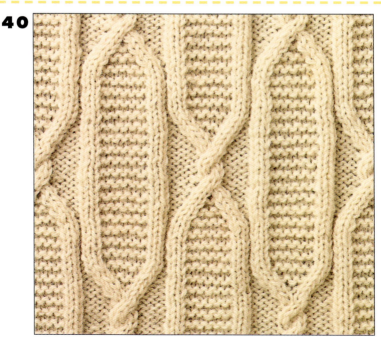

• ZOPFMUSTER •

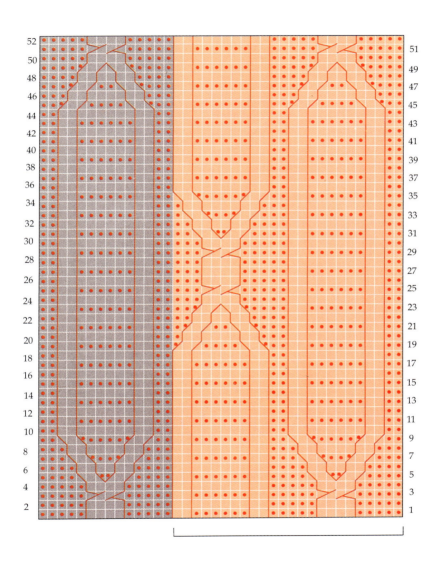

Rapport von 24 M plus 14.

• ZOPFMUSTER •

**41**

Musterfolge von 22 M.

**ZOPFMUSTER**

**42**

Musterfolge von 14 M.

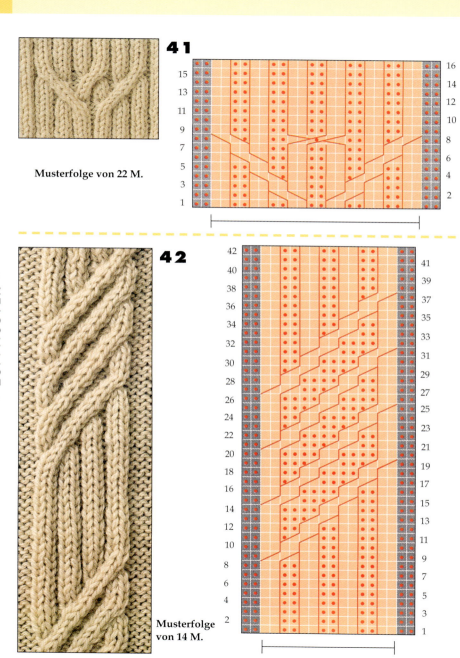

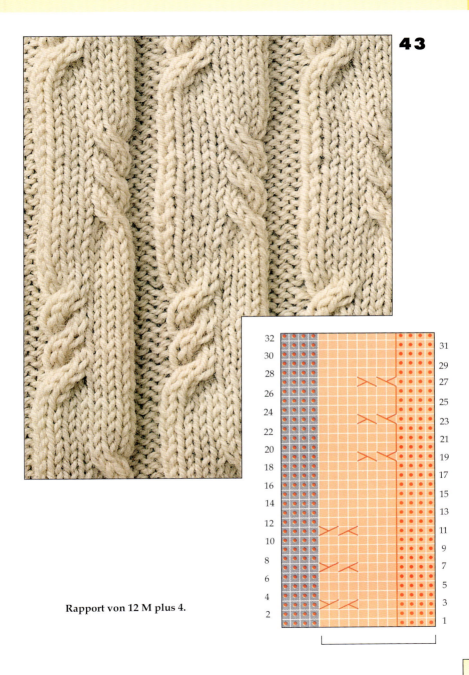

**43**

Rapport von 12 M plus 4.

• ZOPFMUSTER •

• ZOPFMUSTER •

## 44

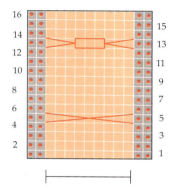

**Musterfolge von 9 M.**

### ZUR ERINNERUNG

Heben Sie 6 M auf die Zopfn und nehmen Sie die Nadel hinter die Arbeit, 3 re, heben Sie die 3 M der Zopfn wieder auf die linke Stricknadel, 3 re, dann die restlichen 3 M von der Zopfn re stricken.

Heben Sie 3 M auf die erste Zopfn und nehmen Sie die Nadel hinter die Arbeit. Heben Sie die nächsten 3 M auf eine zweite Zopfn und nehmen Sie die Nadel vor die Arbeit, 3 re, dann 3 M der zweiten Zopfn re stricken, dann 3 M der ersten Zopfn re stricken.

## 45

Musterfolge von 30 M.

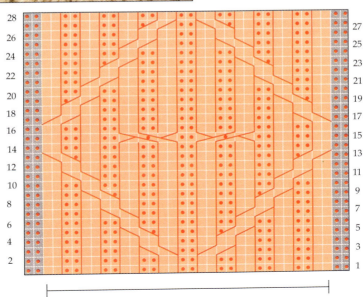

• ZOPFMUSTER •

· ZOPFMUSTER ·

**46**

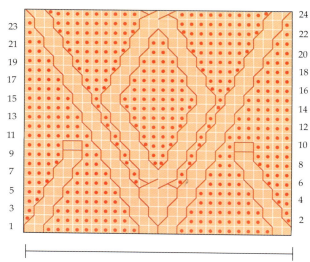

**Musterfolge von 28 M.**

**47**

Musterfolge von 23 M.

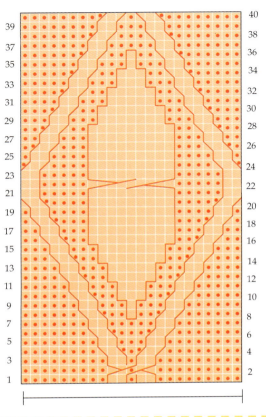

• ZOPFMUSTER •

**48**

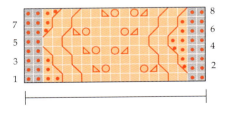

Musterfolge von 15 M.

• ZOPFMUSTER •

**49**

Rapport von 26 M plus 1.

Musterfolge von 19 M.

**50**

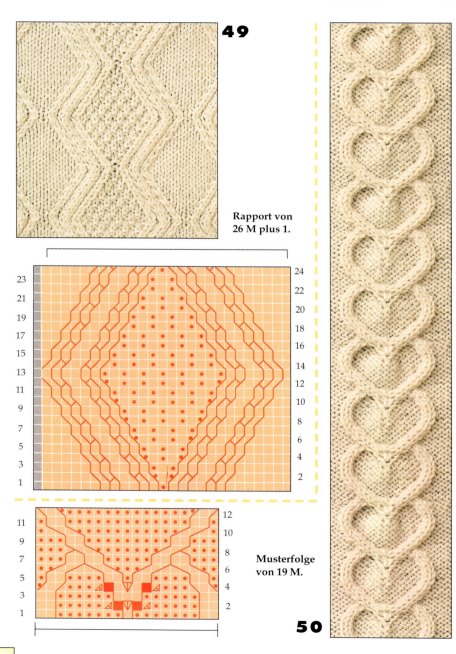

**51**

**52**

Musterfolge von 19 M.

Rapport von 12 M.

• ZOPFMUSTER •

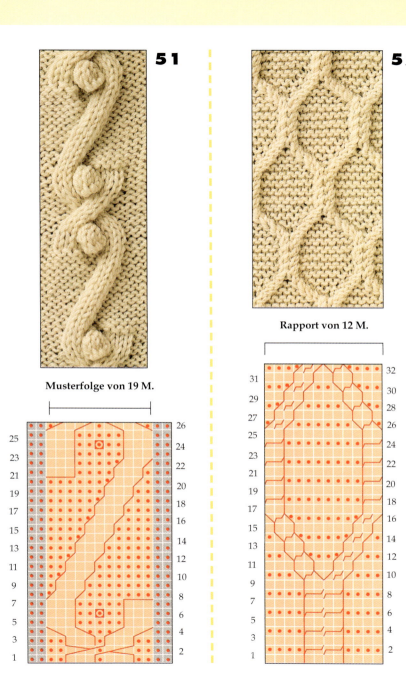

## 53

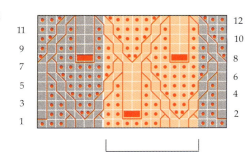

Rapport von 10 M plus 10.

## 54

• ZOPFMUSTER •

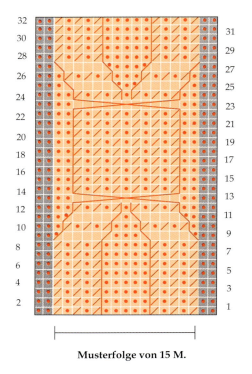

Musterfolge von 15 M.

## ZUR ERINNERUNG

1 M auf Zopfn heben und Nadel hinter die Arbeit nehmen, 1 re verschr str, (1 li, 1 re verschr) zweimal, dann 1 M der Zopfn li str.

5 M auf Zopfn heben und Nadel vor die Arbeit nehmen, 1 li, dann 1 M re verschr str, (1 li, 1 M re verschr) zweimal so die M der Zopfn str.

6 M auf die Zopfn heben und hinter die Arbeit legen, 1 re verschr str, (1 li, 1 re verschr) zweimal, dann dreimal die M der Zopfn (1 li, 1 re verschr) str.

**55**

• ZOPFMUSTER •

• ZOPFMUSTER •

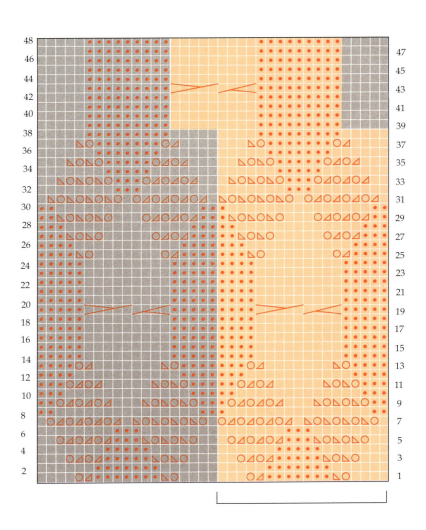

Rapport von 18 M plus 19.

128

**56**

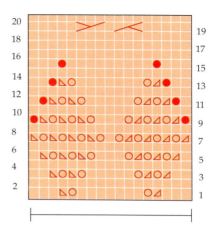

Musterfolge von 17 M.

## ZUR ERINNERUNG

Die nächsten 3 M auf die Zopfn heben und Nadel hinter die Arbeit nehmen, 4 re, dann die 3 M der Zopfn re str.

**57**

• ZOPFMUSTER •

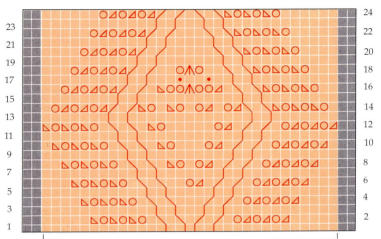

**Musterfolge von 31 M.**

## • ZOPFMUSTER •

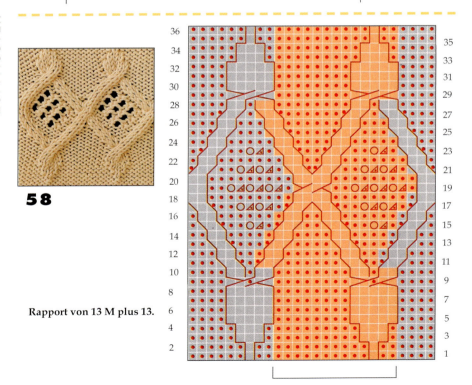

**58**

Rapport von 13 M plus 13.

**59**

## ZUR ERINNERUNG

6 M auf die Zopfn heben und Nadel hinter die Arbeit nehmen, 2 re, 1 li, 2 re str, dann die M der Zopfn zweimal str (1 li, 2 re).

※

1 re M von der Nadel fallen lassen (es entsteht eine Laufmaschenleiter), dann 1 Umschlag arbeiten (die Fallmasche wird am vorherigen U enden).

Achten Sie darauf, nur die Reihen 1–24 zu wiederholen, die Grundreihe wird nicht wiederholt. Stricken Sie auf der letzten Reihe vor dem Abketten die entsprechenden Laufmaschen.

**Rapport von 26 M plus 15.**

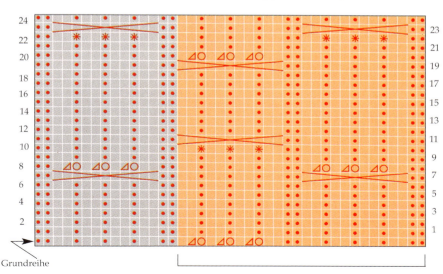

Grundreihe

• ZOPFMUSTER •

**60**

# ZOPFMUSTER

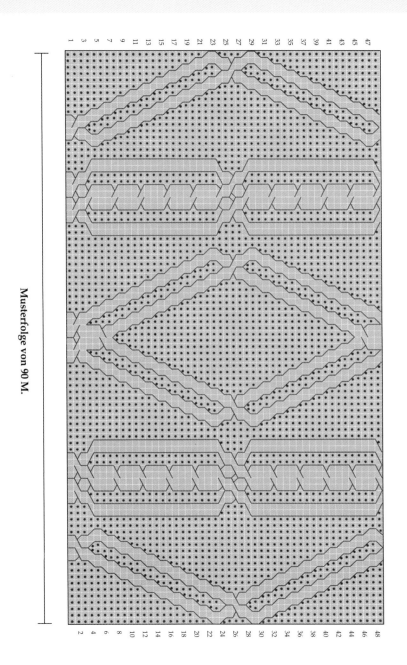

Musterfolge von 90 M.

# Loch- und Noppenmuster

*Sowohl Loch- als auch Noppenmuster lassen sich sehr gut mit Zopfmustern kombinieren. Aus Noppen und Lochmustern können komplette Spitzenarbeiten gestrickt werden oder sie können als Grundlage für ein Muster dienen. Spitzenstrickereien werden besser mit einer größeren Stricknadel gestrickt und mit einem Garn, das sich formen und spannen lässt, bevor es gedämpft wird.*

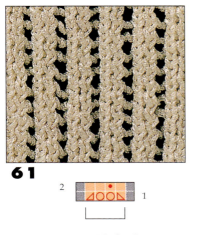

**61**

Rapport von 4 M plus 2.

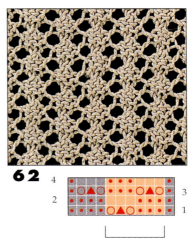

**62**

Rapport von 6 M plus 5.

**63**

---

### ZUR ERINNERUNG

3 M auf Zopfn heben und Nadel vor die Arbeit nehmen, 1 re, 2 li, dann die 3 M der Zopfnadel re stricken.

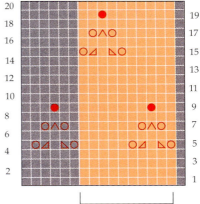

Rapport von 10 M plus 7.

• LOCH- UND NOPPENMUSTER •

## 64

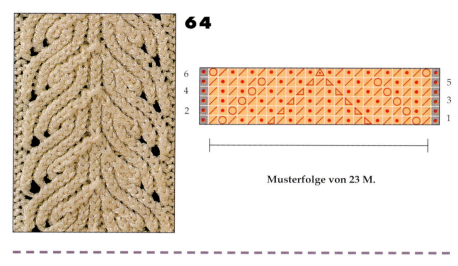

Musterfolge von 23 M.

## 65

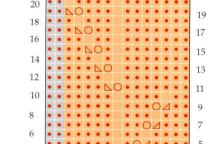

Rapport von 13 M plus 2.

## 66

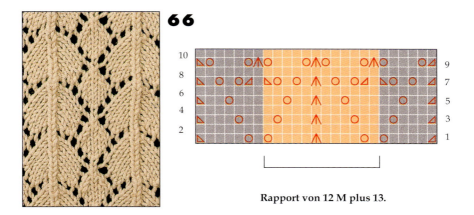

Rapport von 12 M plus 13.

## 67

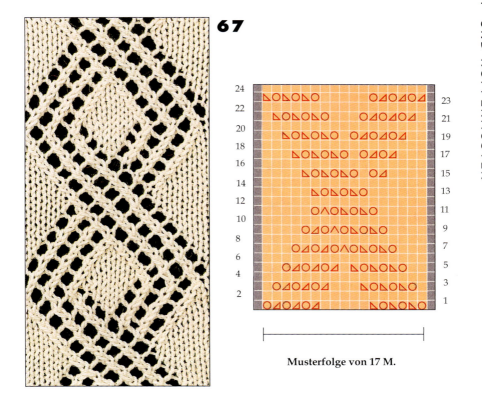

Musterfolge von 17 M.

• LOCH- UND NOPPENMUSTER •

**LOCH- UND NOPPENMUSTER**

## 68

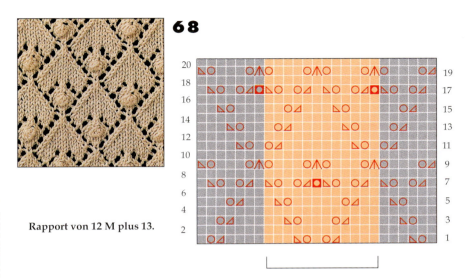

Rapport von 12 M plus 13.

## 69

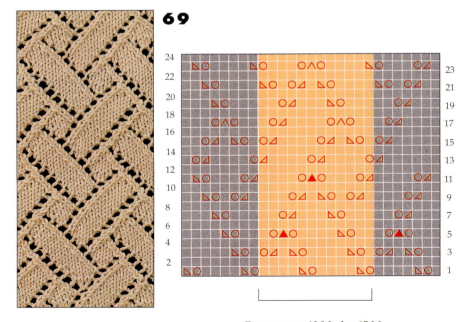

Rapport von 12 M plus 15 M.

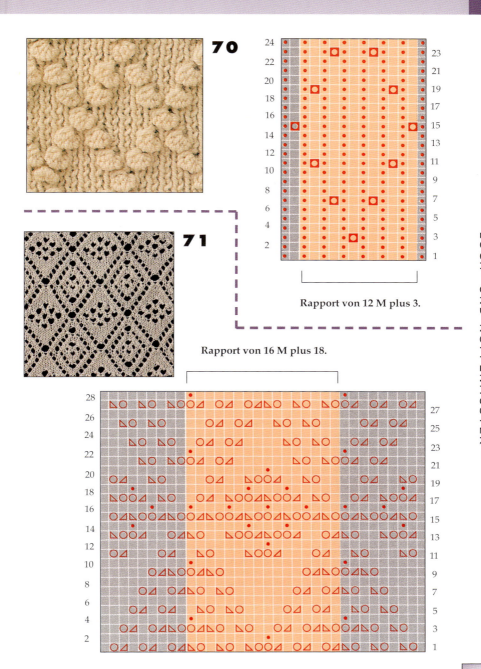

**70**

Rapport von 12 M plus 3.

**71**

Rapport von 16 M plus 18.

• LOCH- UND NOPPENMUSTER •

## 72

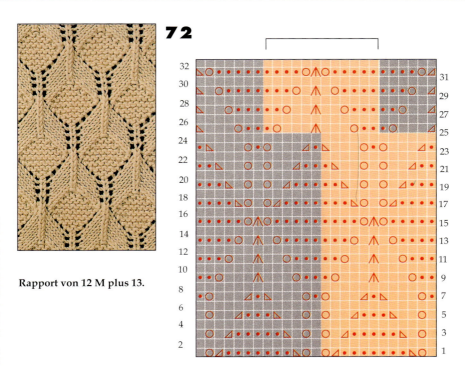

Rapport von 12 M plus 13.

## 73

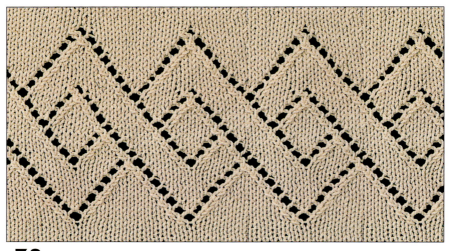

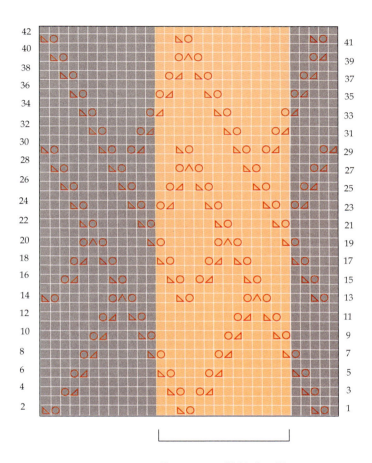

Rapport von 14 M plus 17.

• LOCH- UND NOPPENMUSTER •

# 74

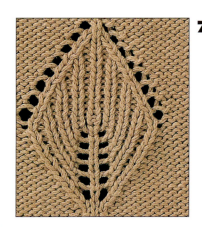
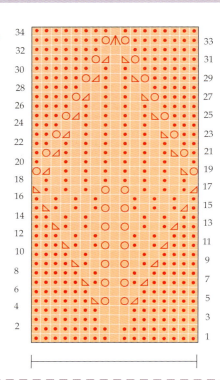

Motiv aus 17 M.

---

# 75

Musterfolge von 37 M.

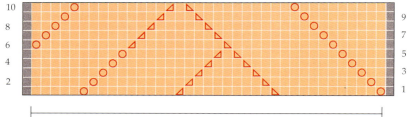

## 76

Rapport von 18 M plus 5.

## 77

Motiv aus 17 M.

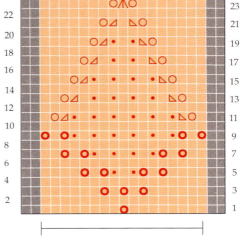

• LOCH- UND NOPPENMUSTER •

# 78

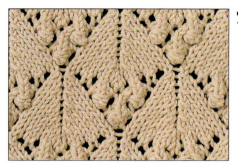

Rapport von 13 M plus 15.

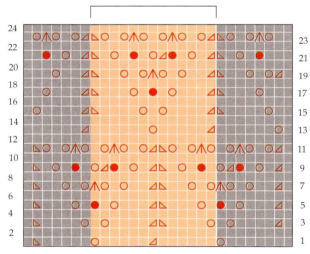

LOCH- UND NOPPENMUSTER

# 79

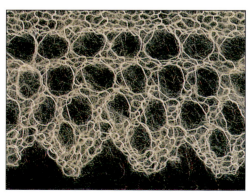

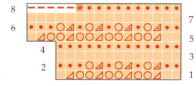

11 M zunehmen.

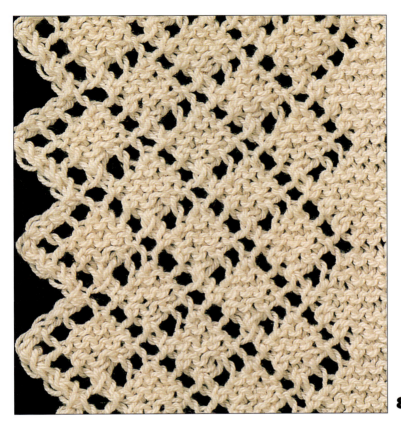

**80**

· LOCH- UND NOPPENMUSTER ·

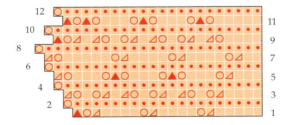

**22 M zunehmen.**

# Verschränkte Maschen und andere Muster

*Maschen verschränken (verkreuzen) bedeutet, dass zwei oder drei Maschen versetzt gestrickt werden, ohne Verwendung einer Hilfsnadel. Es ist eine einfache Art, Muster zu stricken, bei denen Maschenlinien über die Fläche der Strickerei verlaufen. Verschränkte Maschen können auf Rechts- oder Linksreihen gestrickt werden und sie können nur aus rechten oder linken Maschen oder aus einer Kombination von beiden bestehen.*

**81**

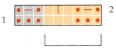

Rapport von 6 M plus 3.
Das Muster ist umkehrbar.

**82**

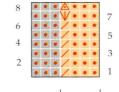

Rapport von 4 M plus 3.

**83**

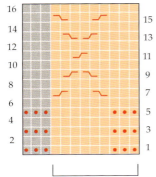

Rapport von 9 M plus 3.

**84**

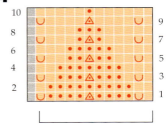

Rapport von 12 M plus 1.

• VERSCHRÄNKTE MASCHEN UND ANDERE MUSTER •

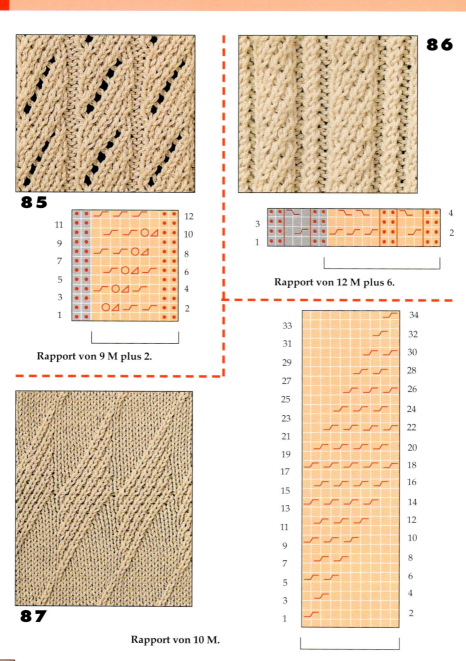

## 88

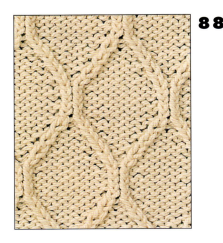
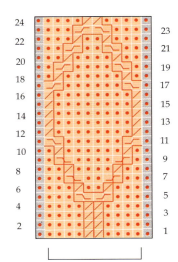

Rapport von 10 M plus 10.

## 89

Rapport von 8 M plus 1.
(Beachten Sie, dass die Reihen
9 bis 16 ein Rapport von 4 M
plus 5 sind).

• VERSCHRÄNKTE MASCHEN UND ANDERE MUSTER •

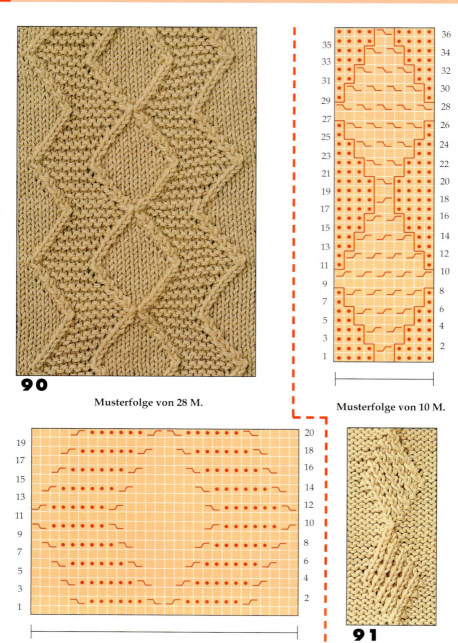

**90** Musterfolge von 28 M.

**Musterfolge von 10 M.**

**91**

• VERSCHRÄNKTE MASCHEN UND ANDERE MUSTER •

## 92

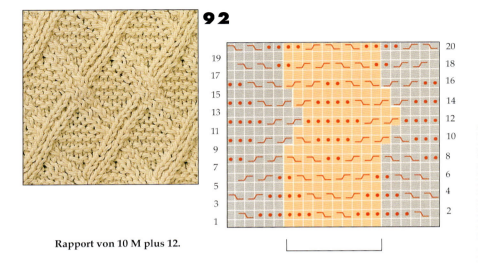

Rapport von 10 M plus 12.

• VERSCHRÄNKTE MASCHEN UND ANDERE MUSTER •

## 93

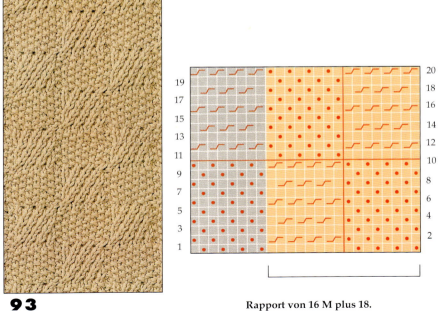

Rapport von 16 M plus 18.

# Mit Farben stricken

Überall auf der Welt haben Menschen Traditionen von mehrfarbigem Stricken entwickelt. Die bekanntesten Muster stammen von den Shetland-Inseln, aus Skandinavien, Osteuropa und Südamerika. Jacquardmuster werden meistens nach einer Strickschrift in Form eines Zählmusters gearbeitet. Bei Intarsien-Arbeiten werden Farbflächen mit einzelnen Garnknäueln, die bei jedem Farbwechsel miteinander verschlungen werden, gestrickt.

# Jacquardmuster

*Die meisten Jacquardmuster werden glatt-rechts gestrickt mit nur zwei Farben in einer Reihe. Eine oder beide Farben wechseln sich eine über die andere Reihe ab. Manche Muster verwenden drei oder sogar vier Farben in einer Reihe, davon kann jedoch das Gestrickte sehr dick werden.*

Das Zählmuster wird wie eine Strickschrift gelesen. Zählen Sie die Quadrate der ersten Farbe und stricken Sie die Maschen. Dann zählen und stricken Sie die Maschen der zweiten Farbe. Zählen und wechseln Sie die Farben entlang der Reihe. Sobald die erste Reihe fertig ist, genügt ein kurzer Blick, um die Wechsel zu verfolgen.

Jacquardmuster werden traditionell meist in Runden gestrickt, da so das Muster besser erkannt werden kann. Wenn Sie stricken, müssen Sie jede Reihe der Schrift von rechts nach links lesen. Sie werden feststellen, dass die meisten traditionellen Muster von den Shetland-Inseln die Farben nach nicht mehr als sieben Maschen hintereinander tauschen – der nicht benutzte Faden wird dabei auf der Rückseite mitgeführt. Den Faden über eine größere Anzahl von Maschen mitzuführen, würde einen zu langen Strang bilden. Es ist besser, das Garn, das nicht gestrickt wird, in regelmäßigen Abständen einzuweben, damit die Fäden der Rückseite ordentlich bleiben.

### FADENHALTUNG
Die einfachste Art, die Farben zu wechseln, ist das Fallenlassen des einen Fadens und das Aufnehmen des anderen. Aber um schneller stricken zu können, sollten Sie folgende Techniken ausprobieren.

### DIE FADENHALTUNG MIT ZWEI HÄNDEN
Halten und führen Sie ein Garn wie gewohnt in der rechten Hand. Spannen Sie den anderen Faden durch die Finger der linken Hand. Um mit dem Faden der linken Hand zu stricken, stechen Sie mit der Nadel durch die

Masche unter den Faden und ziehen ihn durch. Beim Linksstricken muss darauf geachtet werden, dass dabei nicht zwei Maschen verkreuzt werden.

## FADENHALTUNG MIT EINER HAND

Halten Sie beide Fäden in der rechten Hand, die Grundfarbe über dem Zeigefinger, die zweite Farbe wird von der Fingerspitze des Mittelfingers gespannt. Stricken Sie mit der Grundfarbe, dann legen Sie mit einer leichten Drehbewegung den Faden vom Mittelfinger vor, um die andersfarbigen Maschen zu stricken. Bei Linksreihen ist es einfacher, den Faden der Grundfarbe zwischen Daumen und Zeigefinger zu führen und das Kontrastgarn über dem Zeigefinger und den Faden ebenfalls mit einer Hin- und Herbewegung des Handgelenks um die Nadel zu legen.

## MITFÜHREN DER FÄDEN

Die auf der Rückseite mitgeführten Fäden sollen locker und gleichmäßig gespannt sein, damit die Arbeit flach bleibt. Wählen Sie eine Farbe als oberen Strang, die Farbstränge sollten dann in dieser Position beibehalten werden.

## EINSTRICKEN

Der Faden, mit dem gerade nicht gearbeitet wird, kann bei jeder zweiten Masche auf der Rückseite ober- und

Links: Diese geometrischen Muster der Shetland-Inseln werden „Peerie-Muster" genannt.

Rechts: Dieses Sternmotiv ist aufgrund der Schattierungen sofort als Shetland-Muster zu erkennen.

Rapport von 20 M plus 1.

unterhalb mit eingestrickt werden, so entsteht ein festes Gewebe. Er kann auch nach mehreren Maschen eingeflochten werden. Achten Sie darauf, dass der Kontrastfaden von der Vorderseite nicht zu sehen ist.

## STERNENBLUME MIT RHOMBENFÖRMIGER BLUMENBORDÜRE

Anstatt mit Schattierungen zu arbeiten, ändert sich hier die Farbe innerhalb des Motivs. Der Hintergrund wird ebenfalls in derselben Reihe gestrickt; dadurch wird die auffällige Griffigkeit dieser strahlenden Interpretation eines traditionellen Sterns aus Peerie-Mustern verstärkt.

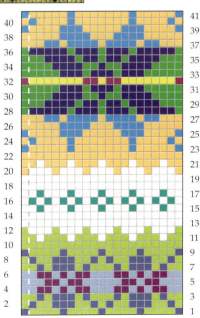

• JACQUARDMUSTER •

## ROSENKNOSPEN UND EFEURANKEN

Diese sehr hübschen Muster wurden von schwedischen Fäustlingen inspiriert. Stricken Sie die Reihen 17 bis 26 für eine Musterfolge der Rosenknospen oder wiederholen Sie die Reihen 17 bis 38, um das ganze Muster zu erhalten.

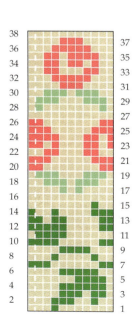

**Rapport von 10 M plus 1.**

## GLOCKENBLUMEN UND WEINRANKEN

Die Weinranken verlaufen in entgegengesetzte Richtungen. Soll die nächste Glockenblumen-Bordüre nach rechts verlaufen, dann stricken Sie die Reihen 9 bis 31 in entgegengesetzter Reihenfolge.

**Rapport von 12 M plus 1.**

## GROSSES RENTIER

Obwohl der Großteil dieses Musters als Jacquard-Strickerei gedacht ist, ist es einfacher, den Rentierkörper mit separaten schwarzen Garnknäueln zu stricken und ein separates rotes Garn für die Flächen dazwischen zu verwenden.

Rapport von 30 M plus 1.

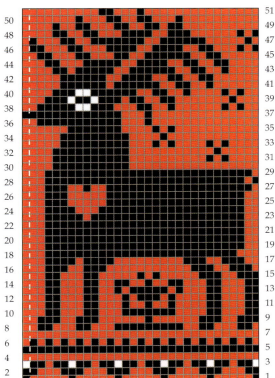

• JACQUARDMUSTER •

# Intarsien-Technik

*Große geometrische Muster, individuelle Motive und Bildmuster werden am besten in Intarsien-Technik gestrickt.*

Dabei werden Farbflächen mit einzelnen Knäueln, die bei jedem Farbwechsel verkreuzt werden, gestrickt. So wird das Mitführen oder Einstricken auf der falschen Seite vermieden und es entsteht eine einfache, dichte Strickerei. Diese Technik wird nur bei flachen Strickarbeiten verwendet, da sie nicht für das Rundstricken geeignet ist.

Intarsien-Modelle werden nach Zählmustern gearbeitet, bei denen die Maschenanzahl in jeder Farbe klar ist.

Meistens werden sie glatt-rechts gestrickt, kann aber ebenso gut bei plastischen Mustern und Zöpfen verwendet werden. Einige Musterentwürfe wie kleine farbige Blöcke, die auf einem einfarbigen Hintergrund verteilt sind – werden am besten in einer Kombination aus Intarsien- und Jacquard-Technik gearbeitet. Verwenden Sie einzelne Fäden für kleinere Motive und verkreuzen Sie diese bei jedem Wechsel mit dem über die Reihe mitgeführten Faden der Hintergrundfarbe.

### ANORDNEN DER FÄDEN

Sortieren Sie zunächst die Garne, indem Sie die Anzahl der Flächen von jeder Farbe zählen. Dann wickeln Sie – je nach Farbfläche – entsprechend lange Fäden von den Knäueln ab. Verwenden Sie ganze Knäuel für jede größere Farbfläche. Wickeln Sie die Fäden für kleinere Farbflächen auf Spulen oder – wenn es sich nur um einige wenige andersfarbige Maschen handelt – verwenden Sie einen kürzeren Faden. Wenn das Muster sehr komplex ist und viele Farben verwendet, wird so das Verheddern der Garne vermieden, indem Fadenstücke verwendet werden, die leicht wieder herausgezogen werden können, da sie nicht an einem Knäuel oder einer Spule befestigt sind.

## PROFI-TIPPS

Wieder verwendbare Abzieh-Sticker sind ideal, um bei einem Zählmuster oder einer Strickschrift nicht aus der Reihe zu geraten. Kleben Sie sie über die Reihe, an der Sie gerade arbeiten, damit Sie sehen können, wie die Reihe sich im Gesamtmuster einordnet.

Verwenden Sie Spulen, um kleine Farbflächen zu stricken.

## DIAGONALE FARBWECHSEL

Da die Farbe immer nur über eine Masche verläuft, ist es nicht schwer Diagonalen zu stricken. Das Verschlingen der Garne beim Farbwechsel wird zur Selbstverständlichkeit.

## VERBINDEN VON FARBFLÄCHEN

Bei jedem Farbwechsel werden die Flächen miteinander verbunden, damit in der Strickarbeit keine Löcher entstehen. Dazu müssen Sie nur die Fäden auf der linken Seite verkreuzen.

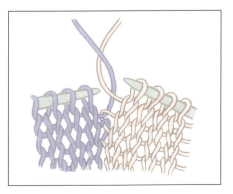

## BEI EINER RECHTSREIHE

Stricken Sie bis zum Farbwechsel die erste Farbe (rosa) rechts, dann lassen Sie den Faden fallen. Nehmen Sie die zweite Farbe auf (lila) und schlingen diese um den ersten Faden, bevor Sie die nächste Masche stricken.

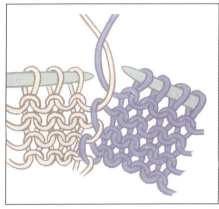

## BEI EINER LINKSREIHE

Stricken Sie mit dem zweiten Faden bis zum Farbwechsel. Achten Sie darauf, dass der erste Faden um den zweiten geschlungen wird, bevor Sie die nächste Masche stricken.

## VERTIKALE FARBWECHSEL

Wenn die Farben über mehrere Reihen an derselben Stelle wechseln, müssen die Fäden besonders sorgfältig und gleichmäßig verschlungen werden, damit keine Löcher oder lockere Maschen entstehen. Vernähen Sie die Enden der Fäden bei den Farbwechseln.

• INTARSIENTECHNIK •

**MIT FARBEN STRICKEN**

**Motiv von 29 M.**

### STREIFEN

Eine Übung in Intarsien-Technik ist das Verwenden einiger diagonaler Farbwechsel, um ein Motiv innerhalb eines Streifenmusters zu arbeiten. Versuchen Sie hell-dunkle oder dunkel-helle Farbabstufungen zu variieren.

### KÄFER

Diese Insekten sehen lebendiger aus, wenn sie in der Mitte mit einem Streifen in einem etwas dunkleren Farbton gestrickt werden. Verwenden Sie einen oder alle Käfermotive als Folge oder einzelnes Motiv.

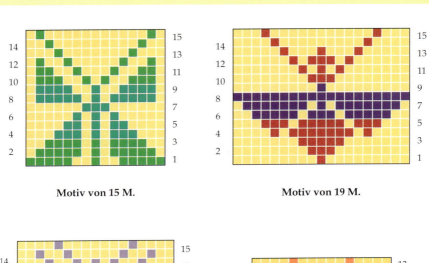

Motiv von 15 M.

Motiv von 19 M.

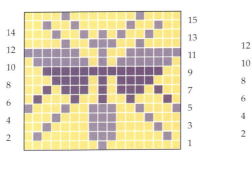

Motiv von 17 M.

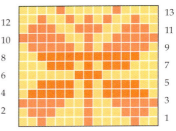

Motiv von 15 M.

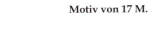

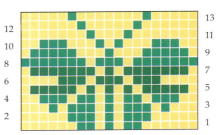

Motiv von 19 M.

Motiv von 19 M.

• INTARSIENTECHNIK •

## SÜDAMERIKANISCHES VOGELMOTIV

Bei diesem Mix aus Intarsien- und Jacquard-Technik (nach guatemaltekischer Webarbeit) kann die Bordüre nach eigenen Wünschen gestrickt werden. Indem die Farbwechsel nach dem Zufallsprinzip gearbeitet werden, wird ein zu mechanisches Erscheinungsbild der geometrischen Musterfolgen vermieden.

**Motiv von 39 M.**

**Motiv von 20 M plus 1.**

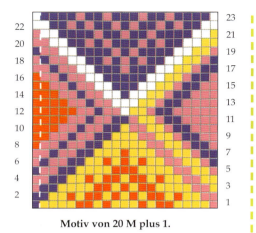

## BLÄTTER

Fast jedes bildliche Motiv kann gestrickt werden. Das Zählmuster sieht aufgrund der Maschenprobe größer aus als das Motiv.

• INTARSIENTECHNIK •

**Motiv von 35 M.**

# Eigene Entwürfe gestalten

*Bevor Sie eigene Kleidungsstücke entwerfen können, müssen Sie wissen, wie abgemessene Formen in eine Strickarbeit übertragen werden. Dieses Kapitel zeigt Ihnen, wie dies gemacht wird und wie Kleidungsstücke nach dem gewünschten Entwurf gearbeitet werden. Fast jede flache oder dreidimensionale Form kann gestrickt werden. Dazu braucht man nur etwas Vorstellungsvermögen, einen Taschenrechner, ein Maschenprobenquadrat, Stricknadeln und ein Strickmuster.*

# Der Entwurf

*Das Entwerfen eines Modells ist nur eine Frage des gesunden Menschenverstands, einiger Berechnungen und ihrer Fantasie! Es gibt ebenso viele Wege eine Anleitung auszuarbeiten, wie es Designer gibt. Im Folgenden erhalten Sie einige Ratschläge für den Anfang.*

Als erstes brauchen Sie eine Inspirationsquelle. Die Idee eines Entwurfs kann von der Textur eines Garns inspiriert werden, von einer aufregenden Farbpalette, einem Modetrend, einer Kombination aus Strickmustern, einem Motiv oder einer Technik. Danach wählen Sie das Garn aus, experimentieren Sie mit Strickmustern und stricken Sie einige Musterexemplare. Wenn Ihnen Aussehen und Griffigkeit des Musterstücks gefallen, nehmen Sie Taschenrechner und Maßband zur Hand und planen Ihren Pullover.

## AUSMESSEN DES ENTWURFS

Schreiben Sie als erstes die Maschenprobe ihres Musterexemplars auf: So viele Maschen auf so vielen Reihen ergeben 10 cm im Quadrat. Diese Größe wird genauer als eine Maschenprobe in kleinerem Maßstab wie 2,5 cm. Errechnen Sie ebenso die Anzahl der Reihen.

Als Zweites planen Sie die Form und Größe jedes Strickstücks, das Sie arbeiten werden. Der einfachste Weg, um sicherzugehen, dass Sie auch die gewünschte Größe erhalten, ist der, ein bereits vorhandenes Kleidungsstück abzumessen. Alternativ können Sie Ihre Körpermaße – inklusive eines Spielraumes je nach Modell – nehmen und diese auf Ihren Entwurf übertragen.

## EIN EINFACHER PULLOVER

Die beiden Varianten (Diagramm A) eines einfachen Pullovers mit angesetzten Ärmeln verdeutlichen, wie verschiedene Proportionen dazu verwendet werden können, zwei Pullover zu stricken, die von Ärmelanfang zu Ärmelanfang dieselben Maße haben.

Nehmen Sie das Diagramm auf der nächsten Seite als Grundlage und tragen Sie Ihre Maße dort ein. Beim Maß-

> **PROFI-TIPP**
>
> Experimentieren Sie zunächst mit einem Naturfasergarn. Bei diesen Garnen können Knicke leicht gedämpft werden, wenn Sie einen Teil der Strickerei auftrennen müssen. Halten Sie das Garn zum Dämpfen über einen heißen Wasserkessel, Sie können es gleich wieder verwenden. Es muss dann aber locker aufgewickelt werden.

nehmen sollte das Maßband immer entlang der Reihen oder Maschen ausgerichtet werden; messen Sie niemals um Rundungen oder geformte Ränder.

Die Schnittvorlage zeigt nur einen halben Ärmel, sodass die Ärmelweite und das Bündchen beim Errechnen der Ärmelmaße doppelt genommen werden müssen. Für einen geformten Armausschnitt müssen Sie noch mehrere Maße ausmessen.

Fertigen Sie eine Maßzeichnung auf kariertem Papier (Diagrammpapier) an, bei der jedes Quadrat für 1 cm steht. Proportionen können damit sehr gut beurteilt werden. Eine Maßzeichnung ist auch sehr hilfreich beim Berechnen der Armkugel, da die Anzahl der Maschen und Reihen bei den entsprechenden Kanten variieren kann und separat berechnet werden muss.

Wenn Sie ungewohnte Formteile arbeiten, ist es besser eine Schnittvorlage in Originalgröße anzufertigen, bevor Sie die Maschen und Reihen ausrechnen.

**A**

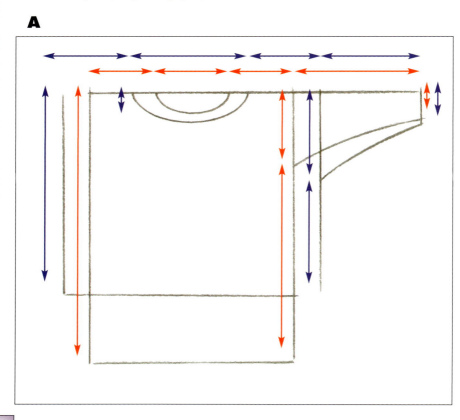

## UMRECHNUNG DER MASSE

Zur schnellen und genauen Umsetzung Ihrer Maße in Maschen und Reihen sollten Sie einen Taschenrechner verwenden.

## ENTWERFEN VON MUSTERFOLGEN

Wenn Sie glatt-rechts stricken, schlagen Sie die genaue Anzahl Maschen plus zwei weitere Maschen für die Weite (die dann beim Ausarbeiten der Seitennähte wieder verloren gehen) an. Schlagen Sie eine Masche mehr oder eine weniger an, um einen gerippten Rand auszugleichen. Wenn Sie ein plastisches Strickmuster arbeiten, müssen Sie berechnen, wie viele Mustersätze – plus die jeweiligen Randmaschen – Ihren Maßen am nächsten kommen. Überprüfen Sie auch die Anzahl der zu wiederholenden Reihen in Bezug zur Länge.

Glatt-rechts kann über jede Anzahl von Reihen gearbeitet werden, aber bei einem plastischen Strickmuster sollte man die Schulter- und Halspartie am Ende der Musterfolge oder ab einer bestimmten Musterreihe formen, damit kein unansehnlicher Übergang entsteht. Ändern Sie die Maße entsprechend ab oder gleichen Sie Strickmuster so lange an, bis Sie mit den Proportionen Ihres Entwurfs zufrieden sind.

## ENTWURF EINES KLEIDUNGSSTÜCKS

Bevor Sie ein Kleidungsstück ausmessen und entwerfen, sollten Sie sicher sein, dass Sie Schnittvorlagen, Musterstücke und Garnproben zur Hand haben.

### PROFI-TIPPS

Wie viele Maschen müssen für eine Weite von 60 cm bei einer Maschenprobe von 2,2 Maschen pro cm angeschlagen werden? 2,2 mal 60 = 132 Maschen.

Berechnen Sie ebenso die Anzahl der Reihen für ein bestimmtes Maß.

• DER ENTWURF •

# Das Spiel mit Farben

## INTARSIEN-MOTIVE

Kelims und alte gewebte Textilien sind eine Inspirationsquelle für die Verwendung von Farben und Mustern (rechts). Da die Muster geometrisch sind, können sie leicht in Strickschriften übertragen werden. Da Kelim-Motive sehr groß sind, können sie besonders gut für Intarsien herangezogen werden. Dazu müssen Sie nur aus dem gewünschten Garn eine glatt-rechts-gestrickte Maschenprobe anfertigen, um die Größe Ihres Entwurfes abzumessen. Individuelle Motive können sehr einfach in der Form sein (unten), und doch viele Möglichkeiten für ein fantasievolles Einsetzen von Farben bieten. Die natürlichen Einfärbungen vieler anti-

ker Teppiche tragen zu einem Webeffekt. der „Abrash" genannt wird, bei Schattierungen und Töne einer Farbe sind innerhalb eines Motivs willkürlich gemischt. Dies können Sie nachahmen, indem Sie schattierte Streifen in ein Motiv oder als dessen Hintergrund einarbeiten. Dadurch entsteht ein kunstvoller Effekt und zugleich können Farb- und Garnreste verarbeitet werden.

## KLEINE MUSTERFOLGEN

Wenn Ihnen das Stricken mit vielen Farben Spaß macht, werden Sie überall Inspiration finden. Diese kleine Buddha-Figur entzündet ein Feuerwerk an Farbkombinationen für all diese Musterstücke. Beim Auswählen von Farben sollten Sie sich nicht zu viele Gedanken darüber machen, ob die Farben genau Ihrer Idee entsprechen. Im Knäuel mag eine Farbe zu hell wirken, aber wenn sie in kleinen Stücken verwendet wird, kann sie weichere Farbtöne gut betonen. Mischen Sie einige strukturierte Garne mit ein, um die Ebenmäßigkeit aufzubrechen. Beginnen Sie mit dem klassischen Einstricken von zwei Farben in einer Reihe, dann fügen Sie weitere Farben hinzu oder stricken kleinere Flächen in Intarsien-Technik. Sie können natürlich auch einfach mit dem Stricken beginnen und wann immer Sie wollen die Farben wechseln. Verwenden Sie eine Strickschrift mit kleiner Musterfolge wie ein Norweger-Muster und probieren Sie aus, wie ein Farbwechsel im Hintergrund und bei jeder Musterfarbe wirkt. Die Motive müssen nicht kompliziert sein. Schon die einfachsten Muster wirken lebendig, wenn Sie die richtigen Farben kombinieren.

> **PROFI-TIPP**
>
> Entwerfen Sie mehrere farbige Musterfolgen, um die Wirkung des Musters zu sehen.

• DAS SPIEL MIT FARBEN •

# Übertragen eines Kreuzstich-Musters

*Eifrige Farb-Strickerinnen arbeiten gerne nach einem Kreuzstichmuster. Wenn Sie das machen wollen, beachten Sie, dass jeder gestrickte Kreuzstich ein Quadrat bildet, wohingegen jede gestrickte Masche eine weite, kurze V-Form ergibt.*

Helle Buchstaben auf einem dunklen Untergrund betonen den typografischen Effekt.

Bei der Jacquard-Technik können Sie eine fast quadratische Maschenprobe erstellen, die das Muster kaum verändert. Wenn Sie in Intarsien-Technik direkt nach einem Kreuzstich-Muster arbeiten, wird der Entwurf in der Länge gestaucht. Damit eine Bildstrickerei oder ein Motiv sofort erkennbar wird (wie die Buchstaben im Bild), die von alten Kreuzstich-Musterarbeiten inspiriert wurden – müssen Sie eine Strickschrift entwerfen, bei der die Proportionen der Maschenprobe mitbedacht wurden. Der einfachste Weg, eine Strickschrift zu entwerfen, ist das genaue Ausarbeiten der Anzahl von Maschen und Reihen für das Motiv der Maschenprobe, sie auf Diagrammpapier zu übertragen und je nach Wunsch auszumalen.

# Entwerfen eines Motivs

*Ein Blumenmuster zu entwerfen, ist eine faszinierende Aufgabe. Wählen Sie zunächst etwas aus, das leicht wiederzuerkennen ist, zum Beispiel Stiefmütterchen.*

Zeichnen Sie die Blumen so exakt wie möglich auf Diagrammpapier, richtige Kurven sind hierbei schwer. Kleinere Motive können in Jacquard-Technik gestrickt werden. Größere Motive oder Blumensträuße fertigen Sie am besten in kleinere Flächen einer bestimmten Farbe in Intarsien-Technik und den Hintergrund in Jacquard-Technik. Probieren Sie die Techniken und Motive aus, indem Sie so lange Musterstücke stricken, bis der erwünschte Effekt da ist. Haben Sie das Motiv entworfen, dann erstellen Sie ei-

ne Strickschrift in Originalgröße für das Rückenteil des Kleidungsstücks und fotokopieren das Motiv mehrmals. Schneiden Sie die einzelnen Motive aus und bewegen Sie die Anordnung solange auf der großen Strickschrift hin und her, bis Sie mit der Wirkung zufrieden sind.

Versuchen Sie feine Variationen, statt einer genauen Wiedergabe einer Blume zu entwerfen.

# Ein Motiv auf einen Pullover übertragen

*Bei einem umfangreichen Motiv ist es besser die Form einfach zu halten.*

Um Ihre Maschenprobe zu erhalten, stricken Sie einen Teil des Musters als Probe und rechnen dann die Größe des Motivs aus. Auch wenn Sie mehr Hintergrund oder Umrandung durch ein anderes Muster zugeben können, wird die Größe des Motivs dennoch die Proportionen Ihres Pullovers bestimmen.

### PROFI-TIPPS

Um die Strickschrift besser lesen zu können, machen Sie von ihr eine vergrößerte Fotokopie.

Verwenden Sie ein schweres Garn für eine effektvollere Wirkung.

• EIGENE ENTWÜRFE GESTALTEN •

# Ein Strickpullover

*Unregelmäßige Motive wie diese Blätter sind ideal für Strickpullover.*

Sie müssen nur den Schnitt des Rückenteils auf Diagrammpapier planen, dann die vorderen Maße und den Halsausschnitt markieren. Beim Positionieren der Motive sollten Sie darauf achten, dass auf der Vorderseite die Motive vollständig sind. Damit auf dem Rückenteil Mustersatz fehlt, fertigen Sie jedes Vorderteil in genau der halben Breite des Rückenteils an. Blenden können

angestrickt oder separat gestrickt und angenäht werden. Im Vorderteil mitgestrickte Blenden sind sehr einfach.

Wählen Sie als Blende ein Muster mit einem in der Länge engeren Maschenbild als das für das Hauptstück verwendete, zum Beispiel kraus-rechts zu einem glatt-rechts gestrickten Hauptteil. Addieren Sie die Maschenanzahl für die Blende zu jedem Vorderteil hinzu und achten Sie darauf, bei jedem Vorderteil das Muster zu wechseln. Markieren Sie die Position der Knopflöcher auf Ihrer Strickschrift und arbeiten Sie diese fortlaufend ein. Für einen V-Ausschnitt nehmen Sie im Hauptmuster die Maschen neben der Halsblende ab.

### PROFI-TIPPS

Erstellen Sie eine Farbfranse und behalten Sie diese als Referenz bei der Strickschrift.

Kaufen Sie die Knöpfe, bevor Sie die Knopflöcher stricken.

# Inspiration aus fertigen Modellen

*Frisch und voller Vitalität – heute ist Stricken eine Mischung aus traditionellen Techniken und modernem Stil.*

• EIGENE ENTWÜRFE GESTALTEN •

WINDRAD
In diesem beeindruckenden geometrischen Design werden 18 Farben miteinander kombiniert.

Alle drei Modelle auf diesen beiden Seiten stammen von Kaffe Fassett.

STEINKREISE
Dieses Modell zeigt eine freie Interpretation der organischen Formen mit einfarbiger Schattierung.

ROSENBLÄTTER
Bei dieser hübschen kurzen Jacke scheinen farbige Ovale auf einem neutralen Hintergrund zu schweben.

• INSPIRATION AUS FERTIGEN MODELLEN •

EIGENE ENTWÜRFE GESTALTEN

Links: **Jean Moss**
HAUSSA-JACKE
Dieses bunt gemusterte Modell in kräftigen Farben wurde von afrikanischen Stoffen inspiriert.

Oben:
**Julien Mac Donald**
CATWALK
Designermode lässt Chenille-Wolle verwegen aussehen.

Links:
**Vivienne Westwood**
CATWALK
Die ungewöhnliche Kombination eines noppigen Multicolor-Effektgarns mit einem vergrößerten Shetland-Lace-Muster gibt diesem Modell eine starke Ausstrahlung.

Links:
**Alice Starmore**
ST. BRIGID
Irische Knotwork-Zopfmuster wurden bei diesem fransengesäumten Pullover zu einem wirkungsvollen Effekt kombiniert.

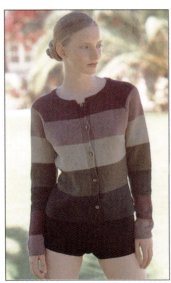

Oben:
**Kim Hargreaves**
PUNCH
Breite farbige Streifen betonen das einfache Maschenmuster und die passgenaue Form.

Oben:
**Jean Moss**
POOKA
Farblich gemusterte Bordüren und eine Mischung aus Zopfmustern und kraus-rechts wurden bei dieser farbenfrohen Strickjacke mit geknöpftem Kragen verwendet.

• INSPIRATION AUS FERTIGEN MODELLEN •

# Strickmodelle

*Die Modelle in diesem Kapitel sind sowohl für Anfänger als auch für Fortgeschrittene geeignet. Sie können bei dem ein oder anderen auch noch Verzierungen oder Farbakzente wie Perlen oder Intarsien hinzufügen. Alternativ können Sie auch die einzelnen Strickteile anders als in der Anleitung vorgeschlagen ausarbeiten und so eine sehr individuelle Strickerei kreieren.*

# Was Sie wissen sollten

*Kleidungsstücke werden aus geformten Strickteilen erstellt. Da Sie nun alle Handgriffe kennen, um ein Strickmuster zu berechnen, dürfte es nicht mehr schwierig sein, eine Strickanleitung für Kleidungsstücke zu schreiben, vorausgesetzt, dass Sie alle Maße haben.*

Die Maße für einen einfachen Rundhals-Pullover mit eingesetztem Armausschnitt sind in den Tabellen der nächsten Seiten angegeben.

Diese Maße gelten für einen gut sitzenden Pullover mittlerer Größe, der mit Nadelstärke 3 bis 4 gestrickt wurde. Wollen Sie dasselbe Kleidungsstück in einem dickeren Garn stricken, müssen die Maße um mehr als 5 cm größer sein als die Passform-Größe und alle anderen Maße dem entsprechend proportional abgeändert werden. Für dasselbe Kleidungsstück in etwas feinerem Garn fügen Sie bis zu 5 cm mehr als die Passform hinzu. Kleidungsstücke haben immer diesen zusätzlichen Spielraum, ausgehend von der Passform, es sei denn, sie sollen absichtlich eng anliegen; in dem Fall würde man sie in einem Rippenmuster stricken. Kleidungsstücke gibt es in einer Vielzahl von Formen und Größen, dennoch kann man sie in fünf Hauptgruppen einteilen.

### RECHTECKIGE KLEIDUNG
Diese Kleidungsstücke haben wenig oder gar keine Form.

### KLEIDUNGSSTÜCKE MIT EINGESETZTEM ARMAUSSCHNITT
Meist sitzen diese Kleidungsstücke sehr gut, sie können mit jeder Art Halsausschnitt gearbeitet sein.

## KLEIDUNGSSTÜCKE MIT RAGLAN-ÄRMELN

Bei einer Raglan-Naht reicht die Naht des Armausschnitts vom Unterarm bis zum Halsausschnitt. Die meisten Ausschnittformen können bei dieser Art Kleidungsstück gestrickt werden.

## KLEIDUNGSSTÜCKE MIT DOLMAN-ÄRMELN (KIMONO)

Bei diesen sind die Ärmel zusammen mit dem Vorderteil gestrickt, sodass keine Armausschnittnähte entstehen.

## KLEIDUNGSSTÜCKE MIT RUNDER SCHULTER

Die Schulterpartien werden in einem Stück ohne Naht gestrickt. Alle Maschen der Ärmel und der Körperteile werden von der Schulterpartie ausgehend aufgenommen und gestrickt, zum Formen werden nur Abnahmen gestrickt.

## STRICKANLEITUNGEN SCHREIBEN

*(aus quadratischen oder rechteckigen Stücken)*

Kleidungsstücke können ganz aus quadratischen oder rechteckigen Formen angefertigt werden. Sie werden entweder in einem Stück gestrickt oder in mehreren Stücken, die dann aneinander genäht werden. Musterfolgen zu schreiben, ist ganz einfach, und die entstehende Anleitung ist sehr leicht zu stricken. Diese einfach geformten Kleidungsstücke werden meist ohne Jacke getragen.

Eine Weste wird aus zwei Rechtecken gefertigt, die an den Schultern und Seitennähten zusammengenäht sind. Sie kann auch in einem Stück gearbeitet werden, bei dem der Halsausschnitt wie ein waagerechtes Knopfloch gestrickt wird.

## GRÖSSENTABELLE FÜR KINDER

| Alter | 3 Jahre | 6 Jahre | 8 Jahre | 10 Jahre | 12 Jahre | 14 Jahre |
|---|---|---|---|---|---|---|
| **Passform Brustumfang** | 56 | 61 | 66 | 71 | 76 | 81 cm |
| **Brustumfang** | 61 | 66 | 71 | 65 | 81 | 86 cm |
| **Gesamtlänge Rücken – Hals** | 34 | 39 | 44 | 49 | 54 | 58 cm |
| **Armausschnitt** | 13 | 15 | 17 | 18 | 18 | 19 cm |
| **Halsausschnitt** | 11 | 11,5 | 12 | 13 | 13,5 | 14 cm |
| **Gesamtweite** | 22 | 23 | 24 | 25 | 26 | 27 cm |
| **Ärmellänge** | 26 | 28 | 31 | 37 | 42 | 43 cm |
| **Obere Ärmelweite** | 24 | 25 | 26 | 26 | 28 | 31 cm |
| **Bündchenweite Handg.** | 11 | 12 | 12 | 13 | 14 | 16 cm |

## GRÖSSENTABELLE FÜR DAMEN

| Passform Oberweite | 76 | 81 | 86 | 91 | 96 | 101 cm |
|---|---|---|---|---|---|---|
| Brustumfang | 81 | 86 | 91 | 86 | 101 | 107 cm |
| Gesamtlänge Rücken – Hals | 56 | 58 | 62 | 64 | 66 | 66 cm |
| Armausschnitt | 18 | 19 | 19 | 20 | 21 | 22 cm |
| Halsausschnitt | 14 | 14 | 16 | 16 | 18 | 18 cm |
| Gesamtweite | 30 | 31 | 33 | 34 | 36 | 38 cm |
| Ärmellänge | 43 | 44,5 | 44,5 | 46 | 46 | 47 cm |
| Obere Ärmelweite | 30 | 33 | 36 | 37 | 38 | 39 cm |
| Bündchenweite Handgelenk | 16 | 17 | 18 | 19 | 20 | 21 cm |

## GRÖSSENTABELLE FÜR HERREN

| Oberweite | 91 | 96 | 101 | 107 | 112 | 117 cm |
|---|---|---|---|---|---|---|
| Oberweite | 96 | 101 | 107 | 112 | 117 | 12 cm |
| Passform Brustumfang | 66 | 66 | 68 | 68 | 70 | 71 cm |
| Brustumfang | 21 | 22 | 23 | 24 | 26 | 28 cm |
| Gesamtlänge | 16 | 18 | 18 | 19 | 19 | 20 cm |
| Armausschnitt | 36 | 38 | 40 | 42 | 44 | 46 cm |
| Halsausschnitt | 47 | 47 | 48 | 48 | 49 | 49 cm |
| Ärmellänge | 38 | 39 | 40 | 41 | 42 | 43 cm |
| Bündchenweite Handgelenk | 19 | 20 | 21 | 22 | 23 | 24 cm |

Bei Westen können die Ärmel durch das Anschlagen von zusätzlichen Maschen an beiden Seiten angestrickt werden. Ein geripptes Bündchen ergibt eine bessere Passform.

Das Kleidungsstück kann in einem Stück gestrickt oder – beginnend am Saum oder dem Ärmelbündchen – in mehreren Stücken, bei denen die Nähte nach Belieben gesetzt werden können. Der Halsausschnitt kann beliebig geformt sein. Der Armausschnitt muss tiefer gestrickt werden als bei einem Pullover mit eingesetzten Ärmeln.

• Modell 1 •
# Herbst in Belgravia

*Braun-graue Strickjacke mit Fransenschal*

## SCHWIERIGKEITSGRAD

| Passformen | 81 | 86 | 91 cm |
|---|---|---|---|
| entspricht Größe | 107 | 112 | 117 cm |
| Gesamtlänge | 68,5 | 71 | 73,5 cm |
| Ärmellänge | 142 | 43 | 44 cm |

## MATERIALIEN

| Strickjacke | 12 | 14 | HF A |
|---|---|---|---|
|  | 4 | 4 | 4A |
| Schal | 11 | 11 | A |

50-g-Knäuel Garn der Nadelst. 3 bis 4

1 Paar 3¼-mm-Nadeln (No 10) • 1 Paar 3¾-mm-Nadeln (No 9) • 1 Paar 4-mm-Nadeln (No 9) • 2 große Knöpfe
Originalgarn: Argyll Chevallier (doppelt genommen).
Argyll Ferndale DK.

## ABKÜRZUNGEN

abn – abnehmen • Anf – Anfang • beg – beginnen, beginnend ff – fortfahren • folg – folgende • glatt rechts – HinR re RückR li • i. W. – im Wechsel li – linksstricken • M – Maschen • Ms – Muster • re – rechtsstricken • restl – restliche • wdh – wiederholen • zun – zunehmen • zus – zusammen • HF – Hauptfarbe • A – erste Farbe • B – zweite Farbe

## MASCHENPROBE

Str Sie mit 4-mm-Nadeln HF im Muster 22 M und 30 Reihen = 10 × 10 cm.

## RÜCKENTEIL

Mit 4-mm-Nadeln in der HF 119 M (125; 131) anschlagen und das Ms so weiterstricken:
**1. R:** 5 li, * 1 re, 5 li ab * wdh bis zum Ende.
**2. R:** 5 re, * 1 li, 5 re, ab * wdh bis zum Ende.
(Beide R. 4 mal wdh.)
**11. R:** 2 li, * 1 re, 5 li ab * wdh bis zu den letzten 3 M, 1 re, 2 li stricken.
**12. R:** 2 re, * 1 li, 5 re, ab * wdh bis zu den letzten 3 M, 1 li, 2 re.
Die letzten 2 Reihen noch 4-mal wdh. Diese 20 R formen das Muster. Im M weiterstricken bis 28 (28, 5; 30) cm. Setzen Sie an beiden Seiten der letzten Reihe Markierungen für die Armausschnitte. Im Ms weiterstricken bis zu 68,5 (71; 73,5) cm. Abketten.

## TASCHENBEUTEL

(2-mal str) Schlagen Sie mit 4-mm-Stricknadeln und Farbe A 31 (32; 33) M an und arbeiten Sie glatt-rechts bis 19 cm, enden Sie mit einer rechten Reihe. Nehmen Sie die M auf einen Maschenraffer.

## RECHTE VORDERSEITE

Schlagen Sie mit 4-mm-Nadeln und Garn der HF 65 (68; 71) M an und str Sie das Ms folgendermaßen:
**1. R:** 2 li (0; 2), 1 re (0; 1) * 5 li, 1 re, wdh ab * bis zu den letzten beiden M, 2 li stricken.

**2. R:** 2 re, * 1 li, 5 re, wdh ab * bis zu den letzten 3 (0; 3) M, 1 li (0; 1), 2 re (0; 2). Das Muster ist nun festgelegt. Weiterstr. im Ms bis die Arbeit 19 cm lang ist, mit einer linken Reihe enden.

## PLATZIERUNG DER TASCHE

**Nächste R:** 17 M (18; 19) im Ms str, die nächsten 31 (32; 33) M abk, bis zum Ende der R weiter im Ms.
**Folgende R:** 17 (18; 29) M im Ms str, str im Ms über die M des Taschenbeutels bis zum Ende. Im Ms weiter bis zu der Reihe der Armausschnitt-Markierungen. Setzen Sie eine Armausschnitt-Markierung an die linke Seite. Str Sie im Ms, bis die Arbeit 48 (50, 5; 53) cm lang ist. Mit einer li R enden.

## KNOPFLOCH

**Nächste R:** 5 M im Ms str, die nächsten 3 M abk, das Ms bis zum Ende str.
**Folgende R:** Bis zu den letzten 5 M im Ms str, 3 M anschlagen, bis zum Ende weiter im Ms str **.
28 Reihen nach Ms. str Wdh ab ** bis **.
Im Ms str bis die Arbeit 61 (62; 65) cm lang ist. Mit einer li R enden.

## HALSAUSSCHNITT

**1. R:** Ketten Sie 8 M (9; 19) ab, str Sie nach Ms bis zum Ende.
**2. R:** Str Sie nach Ms bis zu den letzten 2 M, str Sie diese 2 nach Ms zus.
**3. R:** 5 M abk, weiterstr nach Ms.
**4. R:** wie 2 Reihe str.
**5. R**: 3 M abk, nach Ms weiterstr
In jeder der nächsten 5 R an der Halskante 1 M abn. In jeder 2. der darauf folgenden 4 R an der Halskante 1 M abn. Die restl 38 (40; 42) R nach Ms str bis zu 68,5 (71; 73,5) cm. Abketten.

## LINKE VORDERSEITE

Wird wie rechte Vorderseite gestr, wobei die Ansätze der einzelnen Teile und Formungen gegengleich gearbeitet werden und bei dem gesamten Strickstück die Knopflöcher ausgelassen werden.

## ÄRMEL

Schlagen Sie mit 4-mm-Nadeln und Garn der HF 73 (75; 77) M an und beginnen Sie mit dem Ms folgendermaßen:
**1. R:** 0 (1; 2) li str, * 1 re, 5 li, wdh ab * bis zur letzten (2; 3) M, 1 re, 0 (1; 2) li str.
**2. R:** 0 (1; 2) re, * 1 li, 5 re wdh ab * bis zur letzten (2; 3) M, 1 li, 0 (1; 2) re. Das Ms ist nun festgelegt. Nach Ms str und am Ende jeder nächsten und jede folgende 2. R 1 M zun bis 177 (181; 185) M auf der Nadel sind. Nach Ms str ohne Formung bis 42 (42,5; 43) cm. Mit einer Rückreihe enden. Am Anfang jeder der nächsten 4 R insgesamt 36 M abk. Restl 33 (37; 41) M abk.

## ÄRMELSAUM UND BLENDE

(Beides gleich str). Für die Blende der re Kante str Sie mit 4-mm-Nadeln und Garn A aus dem unteren Rand des Ärmels 69 (71; 73) M heraus. 4 R glattrechts str, beg mit einer links-gestr R. 1 R re str. Dann 6 R glatt re beg mit einer re gestr R. Weiter glatt re str und an jedem Ende der nächsten R und i. W. jede folg 2. R bis 21 cm ab Saumanfang 1 M zun. Abk.

## HALSBLENDE

Nähen Sie mit kleinen Steppstichen beide Schulternähte zusammen. Für die Blende nehmen Sie von der Vorderseite der Arbeit mit 4-mm-Nadeln und Garn A 35 (37; 39) M entlang des re vorderen Halsausschnitts auf. Dann 39 (41; 43) M entlang des hinteren Halsausschnitts aufn und wiederum 35 (37; 39) entlang des li vorderen Halsausschnitts. Insgesamt 109 (115; 121) M. 1 R li str. Wechseln Sie auf 3¼-mm-Nadeln und wiederum 1 R li str. Dann 1 R re str und dabei an jedem Reihenende 1 M abn. Wechseln zu 4-mm-Nadeln. 1 R li str. Abk.

## SAUM UND BLENDE DER RECHTEN VORDERSEITE

Nehmen Sie von der Vorderseite der Arbeit mit 4-mm-Nadeln und Garn A 125 (131; 137) M entlang der Vorderkante auf. 4 R glatt re str beg mit einer li gestr R und an jedem Ende der 2. und 4. R 1 M zun. 1 R re str. Arbeiten Sie 10 R glatt re, beg mit einer re gestr R und nehmen Sie am Ende jeder 1. und 3. R 1 M ab. Arbeit nach innen falten und eine M se. Wenden und mit diesen M weitere 4 R glatt re str. Faden kappen, wieder aufn um die restl M weiterzuarbeiten. Str Sie diese M 5 R glatt re. Weitere 4 R glatt re str und dabei am Anf der nächsten und der folg 3 Reihen 1 M am Reihenanf zun. Weitere 3 R glatt re str. Abk. Arbeiten Sie Saum und Blende der linken Vorderseite entsprechend, lassen Sie die Knopflöcher aus.

## TASCHENBLENDEN

(Beide gleich arbeiten.) Nehmen Sie von der Vorderseite der Arbeit mit 4-mm-Nadeln und Garn A entlang der Taschenoberseite 27 (28; 29) M auf. 3 cm glatt re str, beg mit einer re R. Abk. Taschenlasche nach unten geklappt an der Außenseite annähen.

## UNTERER SAUM

Nähen Sie mit kleinen Steppstichen beide oberen Ärmelkanten zwischen die Markierungen in den Armausschnitten an und schließen Sie die unteren Ärmelnähte. Nehmen Sie von der Vorderseite der Arbeit mit 4-mm-Nadeln und Ferndale-Garn entlang der li Vorderseite 60 (62; 64) M auf, dann weitere 111 (115; 121) M entlang des Rückenteils und 60 (62; 64) M entlang der re Vorderseite: insgesamt 232 (239; 249) M. 4 R glatt re str, beg mit einer li gestr R und an beiden Seiten der 2. und 4. R eine M zun. 1 R re str. 1 R glatt re, dann 4 R glatt re: mit einer re R beg und an beiden Seiten der 2. und 4. R 1 M abn. Abk.

## SCHAL

Mit 4-mm-Nadeln und Garn A 292 M anschl. 2 R glatt re str, mit einer re gestr R beg. (Arbeiten Sie 3 R glatt re beg mit einer re gestr R und nehmen an jedem Ende jeder R 1 M zu, dann 1 R li str) × 6. 3 R glatt re str, beg mit einer re gestr R und an jedem Ende jeder R 1 M zun = 336 M. 1 R re. \*\*, 3 R glatt re str, beg mit einer re gestr R und an jedem Ende jeder R 1 M abn. 1 R li. Wdh ab \*\*, bis 2 M übrig bleiben. Beide M re zusstr. Faden kappen. Nach innen falten und an der Längsseite zusammenn. Schneiden

Sie von jedem Garn Stränge verschiedener Längen zurecht. Legen sie Sie einmal gefaltet zusammen und schlingen sie durch beide Kanten des Schals.

## AUSARBEITUNG

N Sie mit Steppstichen die 4 vorderen Briefecken und Ärmelsäume. Falten Sie Säume und Blenden nach innen und n sie mit Überwendlingsstichen fest. N Sie die Taschenbeutel an. N Sie beide Seiten um das Knopfloch zusammen. Bringen Sie die zwei Knöpfe an.

**Alle Maße sind in Zentimetern angegeben.**

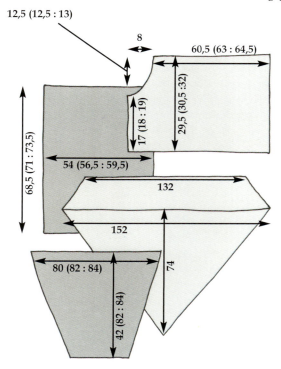

Wie unten abgebildet können viele Farbkombinationen verwendet werden.

• Modell 2 •
# Suzy-Wong-Pullover

*Oberteil im chinesischen Schnitt mit Blütenmuster und schwarzen Knöpfen.*

| SCHWIE-RIGKEITS-GRAD | ★ ★ ★ ★ | | |
|---|---|---|---|
| Passformen | | 81–86 | 91–97 cm |
| entspricht Größe | | 97 | 102 cm |
| Gesamtlänge | | 54 | 56 cm |
| Ärmellänge | | 44,5 | 46 cm |

## MATERIALIEN

| | | |
|---|---|---|
| 7 | 7 | HF |
| 3 | 3 | A |
| 1 | 1 | B |
| 1 | 1 | C |
| 1 | 1 | D |
| 2 | 2 | E |

50-g-Knäuel Garn der Nadelstärke 3 bis 4
1 Paar 3¼-mm-Stricknadeln – 1 Paar 4 mm-Stricknadeln – 6 Knöpfe
Originalgarn: Argyll Armbridge DK.

## ABKÜRZUNGEN

abn – abnehmen • Anf – Anfang • ff – fortfahren • folg – folgende • glatt rechts – HinR re RückR li • i. W. • im Wechsel • kr re – krauss rechts • li – linksstricken • M – Maschen • Ms – Muster • re – rechtsstricken • restl – restliche • wdh – wiederholen • zun – zunehmen • zus – zusammen • HF – Hauptfarbe • A – erste Farbe • B – zweite Farbe • C – dritte Farbe • D – vierte Farbe • E – fünfte Farbe

## MASCHENPROBE

Schlagen Sie mit 4-mm-Nadeln 24 M an und str Sie glatt re 32 R = 10 × 10 cm.

## VORDERTEIL

Verwenden Sie 3¼-mm-Stricknadeln und Garn der HF um 116 (122) M anzuschlagen. Arbeiten Sie 2 cm kr re (jede Reihe re str), enden Sie mit einer Rückr. Wechseln Sie zu 4-mm-Nadeln. Stricken Sie glatt re nach Ms der Strickschrift.
**1. R:** 13 (1) M nach Ms. Dann 30 M im Ms str, 3 (4)mal wdh, dann restl 13 (1) M im Ms str.

Bei einer Länge von 30 cm ab Anf mit einer li gestr R enden, jeden Rand der letzten R für den Beginn des Armausschnitts markieren. Bei einer Länge von 54 (56) cm ab Anf abk.

## PROFI-TIPP

Beim Stricken eines Farbmusters sollte das Garn sehr locker auf der Rückseite der Strickarbeit eingeschlungen sein, damit die Fadenspannung nicht leidet. Das Mitführen des Garns sollte von der Vorderseite nicht zu erkennen sein.

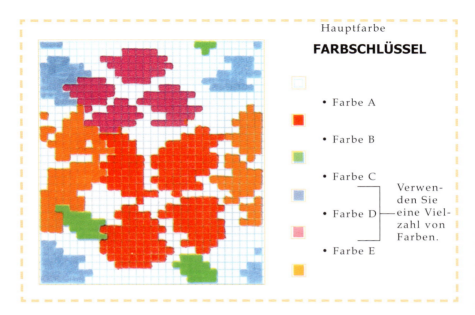

Hauptfarbe
**FARBSCHLÜSSEL**

- Farbe A
- Farbe B
- Farbe C
- Farbe D  — Verwenden Sie eine Vielzahl von Farben.
- Farbe E

## RECHTE RÜCKENHÄLFTE
Verwenden Sie 3¼-mm-Stricknadeln und Garn der HF um 60 (62) M anzuschlagen. 2 cm kr re str und mit einer Rückr enden.
Wechsel zu 4-mm-Nadeln. Weiter im Ms.
**1. R:** Str Sie 0 (1) M nach Ms, dann 30 M nach Ms, 2mal wdh, dann restl 0 (1) M nach Ms. Bei einer Länge von 30cm die Armausschnitte markieren. Bei 53 (56) cm ab Anf abketten.

## LINKE RÜCKENHÄLFTE
Wie rechte Hälfte stricken, bis die letzten 2 (4) R der Strickschrift gearbeitet sind. Stricken Sie ein Knopfloch.
**1. R:** 2 M nach Ms, 3 M abk, 55 (57) M nach Ms bis zum Ende str.
**2. R:** 55 (57) M nach Ms, 3 M anschl, bis zum Ende nach Ms str.

Entsprechend der li Rückenhälfte ff, arbeiten Sie weitere 5 Knopflöcher oberhalb der vorherigen Knopflöcher mit einem Abstand von jeweils 24 R. Stricken Sie bis zum Ende, dann abk.

## ÄRMEL
Verwenden Sie 3¼-mm-Stricknadeln und Garn der HF, um 60 (62) M anzuschlagen. Stricken Sie 2 cm kr re und enden Sie mit einer Rückreihe.

Wechseln Sie zu 4-mm-Nadeln. Arbeiten Sie im Ms weiter so wie für die erste Musterreihe der Rückseite angegeben. Nehmen Sie am Anf und am Ende jeder 4. R 1 M zu, fügen Sie die M im Ms ein bis insgesamt 116 (126) M vorhanden sind. Arbeiten Sie gerade weiter bis zu einer Länge von 44,5 (46) cm ab Anf. Abketten.

## KRAGEN

Schließen Sie mit kleinen Steppstichen beide Schulternähte auf einer Länge von 11,5 (12,5) cm. Stricken Sie mit 3¼-mm-Nadeln und Garn der HF aus der Vorderseite der linken Rückenhälfte 36 (34) M heraus und str diese re ab. Dann 64 (62) M von der Vorderseite und 36 (34) M von der rechten Hälfte des Rückenteils. 136 (130) M. Str Sie 12 cm kr re. Locker abk. Schlagen Sie die Halsblende zur Hälfte nach außen um.

## RÜCKENBLENDEN

Nehmen Sie mit 3¼-mm-Stricknadeln und Garn der HF 130 (134) M entlang der mittleren Rückenkanten auf und stricken Sie diese rechts ab. Ketten Sie rechts ab.

## AUSARBEITUNG

Verwenden Sie kleine Steppstiche, setzen Sie die Ärmel so ein, dass die Seitennähte der Ärmel mit dem Beginn der Armausschnitte übereinstimmen. Schließen Sie die Seiten- und Ärmelnähte. Nähen Sie die Knöpfe an.

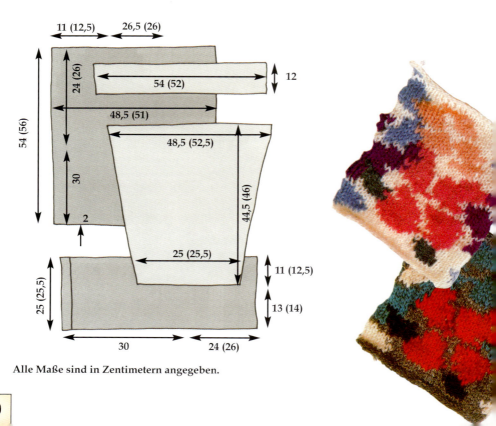

**Alle Maße sind in Zentimetern angegeben.**

• Modell 3 •
# Kachelmuster

*Herrenpullover im Patchwork-Stil*

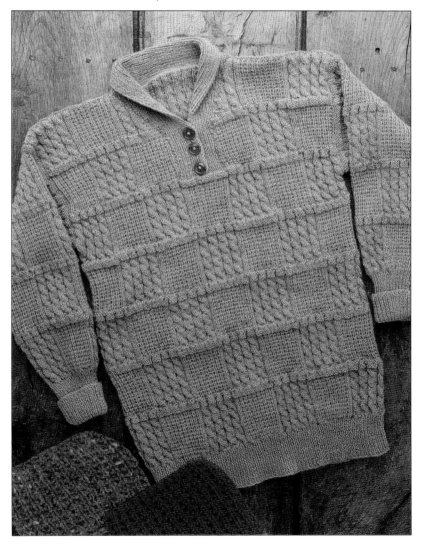

| SCHWIE-RIGKEITS-GRAD | ★ ★ ★ ★ |
|---|---|
| Passformen | 91–102 cm |
| entspricht Größe | 112 cm |
| Gesamtlänge | 71 cm |
| Ärmellänge | 44 cm |

## MATERIALIEN

13 x 50 g Knäuel Garn der Nadelstärke 3¼ bis 4
1 Paar 3¼ mm-Stricknadeln – 1 Paar 4 mm-Stricknadeln – 3 Knöpfe

## ABKÜRZUNGEN

abn – abnehmen • Anf – Anfang • ff – fortfahren • flg – folgende • glatt rechts – HinR re RückR li • i. W. – im Wechsel • li – linksstricken • M – Maschen • Ms – Muster • re – rechtsstricken • restl – restliche • wdh – wiederholen • zun – zunehmen • zus – zusammen

## MASCHENPROBE

Mit 4-mm-Nadeln 24 M anschl und in Perlmusterreihen für das erste Quadrat 32 R = 10 × 10 cm str. Mit 4-mm-Nadeln 33 M anschl und für das nächste Quadrat im Zopfm 32 R = 10 × 10 cm str.

## QUADRAT A (Über 19 M gearbeitet)
**1. R:** 19 M re str.
**2. R:** 2 li, (1 re, 1 li) 5, 8, 1 li. Wdh Reihen 1 & 2 noch 12mal: 26 Reihen.

## QUADRAT B (Über 26 M gearbeitet)
**1. R:** re Seite: (2 li, 1 re) × 4, 2 li str.
**2. R:** (2 re, 4 li) × 4, 2 re str.
Reihen 1 und 2 noch einmal wdh.
**5. R:** (2 li, 4 re) × 4, 2 li.
**6. R:** wie 2. R str.
1 und 2 noch einmal wdh. 3 – 8 noch 2-mal wdh (26 R).

## RÜCKENTEIL

Verwenden Sie 3¼-mm-Stricknadeln um 123 M anzuschlagen und str Sie im einfachen Rippenmuster so:
**1. R:** 2 re, * 1 li, 1 re, ab * bis zur letzten M wdh, dann 1 re.
**2. R:** 1 re, *1 li, 1 re, ab * bis zum Reihenende M wdh. Beiden R bis 7 cm wdh, mit einer 1. R enden in der Sie in der letzten gearbeiteten M 1 M zun (124 M).
**Nächste R:** 2 M Rippenms, * 1 M im Rippenms, in der nächsten M 1 M zun, 2 im Rippenms str, ab * bis zu den letzten beiden M wdh, bis zum Ende im Rippenms str (154 M).

Wechsel zu 4-mm-Nadeln. Im Ms weiter: R 1–26 i. W. in den Ms A & B str, beginnen Sie mit Quadrat A.

**27.– 29. R:** glatt links str.
**30. R:** *3 re, (in der nächsten M 1 zun, 1 re) × 7, 5 re, (2 re zus str, 1 re) × 7, ab * bis zu den letzten 19 M wdh, 3 re, (in der nächsten M 1 zun, 1 re) × 7, 2 re (161 M).

Arbeiten Sie nun abwechselnd R 1–26 der Musterquadrate A & B, beginnen Sie mit Quadrat B.

**57.– 59. R:** glatt links str.
**60. R:** *3 re, (2 re zus str, 1 re) × 7, 5 re, (in der nächsten M 1 zun, 1 re) × 7, 2 re, ab * bis zu den letzten 26 M wdh, 3 re (2 re zus str, 1 re) × 7, 2 re (154 M).

Diese 60 R bilden das Muster.

Im Ms str bis 71 cm und mit einer 57. Musterreihe enden. Die nächste R abk.

Markieren Sie den Halsausschnitt an beiden Seiten der mittleren 53 M.

## VORDERTEIL

Verwenden Sie 3¼-mm-Stricknadeln, um 123 M anzuschl und str Sie im einfachen Rippenms wie für das Rückenteil angegeben bis 7 cm. Enden mit einer 1. R.

**Nächste R:** 4 M im Rippenms, * 1 M im Rippenms, in der nächsten M 1 M zun, 1 M nach Ms, ab * bis zu den letzten 5 M wdh, bis zum Ende weiter im Rippenms (161 M).

Wechseln zu 4-mm-Nadeln und im Ms weiter, beginnend mit einer 3. Reihe. Beginnen Sie mit der Formung des Halsausschnitts bei ungefähr 52 cm, enden Sie mit einer 28. Musterreihe.

## HALSAUSSCHNITT

Die nächste R nach Ms str und die mittleren 26 M abk. Die letzte Maschengruppe wird so gestrickt: ** im Ms ff und in jeder 3. R 1 M an der Halskante abn bis 17 M abgen wurden, dann ohne Formung bis zur Schulterlänge ff, mit einer gleichen Musterreihe wie beim Rückenteil enden. Maschen abk. Nehmen Sie für die restl M den Faden neu auf und arbeiten Sie die 2. Seite des Halsausschnitts entsprechend der 1. Seite, wie ab ** beschrieben.

## ÄRMEL

Schlagen Sie mit 3¼-mm-Stricknadeln 55 M an und str im einfachen Rippenms wie für das Rückenteil angegeben bis 14 cm, mit einer 1. R enden.

Wechsel zu 4-mm-Nadeln und im Ms wie für das Rückenteil beschrieben weiterarbeiten, beginnend mit einem Quadrat A. Zugleich beidseitig in jeder folg 5. R 1 M zun und die zugen M in das Ms einarb. Weiterstr bis an jeder Seite der Arbeit ein weiteres Quadrat zugen wurde. Weiterstr nach Ms ohne Formung bis zu einer Gesamtlänge von 51 cm und mit einer 59. Musterreihe enden. 2 weitere R glatt li str. Locker abk.

## KRAGEN

Mit 3¼-mm-Stricknadeln 15 M anschl und wie für das Rückenteil angegeben, 4 R im einfachen Rippenms str.

## KNOPFLÖCHER

In der nächsten R die ersten 4 M im Rippenms str, wenden und mit diesen M 2 weitere R str. Faden kappen und mit den übrigen M weiterstr. Mit diesen

• KACHELMUSTER •

M 3 R arbeiten. Danach werden 6 R über alle M gestr. Ab *einmal wdh, dann noch ein Knopfloch str. Zu gleicher Zeit am li Rand der Arbeit in jeder 3. R ab Anf 1 M zun, insgesamt 19-mal. Str Sie weitere 54 R im Rippenmuster. Nun 19-mal am li Rand der Arbeit in jeder 3. R 1 M abn. Re abk.

## AUSARBEITUNG

Schließen Sie die Schulternähte mit kleinen Steppstichen. Setzen Sie mit möglichst genauer Entsprechung der Musterquadrate die Ärmel in die Armausschnitte. Nähen Sie die ersten 7 cm des rechten Bündchens, schließen Sie dann die Unterarmnaht vom Bündchen bis zum Saum an der Innenseite. Nähen Sie den geformten Teil des Kragens an den Halsausschnitt, mit den Knöpfen auf der linken Seite. Nähen Sie die zu- und abgenommenen Kragenränder an die abgenommenen Maschen der vorderen Mitte, sodass sie mit dem Knopfrand an der Vorderseite überlappen. Nähen Sie den Knopf an.

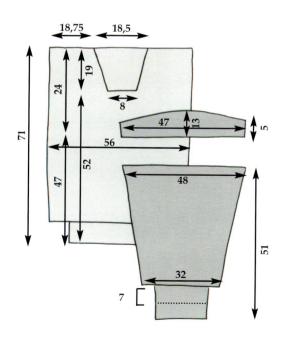

**Alle Maße sind in Zentimetern angegeben.**

# • Modell 4 •
# Amazing Lace

*Zweifarbige Strickjacke in Lochmustertechnik mit Labyrinth-Muster.*

## SCHWIERIG-KEITSGRAD

| | |
|---|---|
| Passformen | 86–96 cm |
| entspricht Größe | 106 cm |
| Gesamtlänge | 64 cm |
| Ärmellänge | 43,5 cm |

## MATERIALIEN

10HF/ 8A
50-g-Knäuel Garn der Nadelstärke 3 bis 4
1 Paar 3¼-mm-Stricknadeln – 1 Paar 4-mm-Nadeln – eine 3¼-mm-Rundstricknadel – 5 Knöpfe
Originalgarn: Pingouin Fil D'Ecosse Nr. 3

## ABKÜRZUNGEN

abh – abheben • abn – abnehmen • Anf – Anfang • ff – fortfahren • folg – folgende • glatt rechts – HinR re RückR li • i. W. – im Wechsel • li – linksstricken • M – Maschen • Ms – Muster • re – rechtsstricken • restl – restliche • zun – zunehmen • zus – zusammen • wdh – wiederholen • HF – Hauptfarbe • A – erste Farbe

### MASCHENPROBE
Schlagen Sie mit 4mm-Nadeln 22 M an und str Sie im Ms  46 R = 10 × 10 cm

### RÜCKENTEIL
Mit 3¼-mm-Strickn und Garn der HF 118 M anschl und im doppelten Rippenms so str:
**1. R:** 2 re, * 2 li, 2 re, ab * bis zum Ende der Reihe wdh.
**2. R:** 2 li, * 2 re, 2 li, ab * bis zum Ende der Reihe wdh.
   Beide R noch 3-mal wdh und in der zuletzt gearbeiteten M 1 M abn. 117 M. Wechseln zu 4-mm-Nadeln und im Ms str:
**1. R der Strickschrift:** verwenden Sie Garn A: 3 re, * 1 M abh, 1 re, 1 M abh, 17 M re, 1 M abh, 1 re, ab * wdh bis zu den letzten 4 M, 1 M abh, 3 re.
   Nach Ms weiterstr bis 37 cm, markieren der Armausschnitte an beiden Seiten der letzten R, dann nach Ms weiter bis 64 cm und mit einer Rückreihe enden.

### FORMUNG DER SCHULTERN
Am Anf der nächsten 2 R 19  M abk. Am Anf der folg 2 R 18 M abk. Restl 43 M abk.

### TASCHENBEUTEL
(2-mal anfertigen) Mit 4-mm-Nadeln und Garn der HF 31 M anschl und 12 cm glatt re str. M auf einen Maschenraffer nehmen.

### LINKE VORDERSEITE
Mit 3¼-mm-Stricknadeln und Garn der

HF 58 M anschl und wie für das Rückenteil 8 R im doppelten Rippenms str. In der zuletzt gearbeiteten M 1 M zun = 59 M.

Wechsel zu 4-mm-Nadeln und im Ms stricken.

**1. R der Strickschrift:** verwenden Sie Garn A: 3 re, * 1 M abh, 1 re, 1 M abh, 17 M re, 1 M abh, 1 re, ab * wdh bis zu den letzten 12 M, 1 M abh, 1 M re, 1 M abh, 9 re.

Weiter nach Ms bis 12,5 cm, mit einer Rückreihe enden.

## PLATZIEREN DER TASCHE(N)

**Nächste R:** 14 M nach Ms, 31 M abketten, restl 14 M nach Ms stricken.
**Folgende R:** 14 M nach Ms, mit der li Seite der Tasche nach oben über 31 M des Taschenbeutels nach Ms str, restl 14 M nach Ms. Im Ms ff 37 cm str. Enden Sie an der vorderen Mittelkante mit einer Hinreihe.

Markieren Sie den Armausschnitt am Anf dieser letzten Reihe.

## HALSAUSSCHNITT

Im Ms ff und am Anf der nächsten R 1 M abn. An der Halskante nur auf jeder folg 5. R abn bis 22 M abgen wurden, dann weiter im Ms ohne Formung bis 63 cm. Enden Sie am Rand des Armausschnitts.

## DIE STRICKSCHRIFT

Die Farben A und HF werden i. W. verwendet. Str Sie jeweils während des ganzen Ms 2 R aus einer der Strickschrift. Jedes Mal nur in der in der Strickschrift angegebenen Farbe arbeiten. Heben Sie alle übrigen M ab, bei den Hinr mit dem Faden auf der Rückseite, bei den Rückr mit dem Faden vorn. Str Sie jede Reihe rechts.

## FORMEN DER SCHULTERN

19 M am Anf der nächsten R abk und am Anfang jeder folgenden 2. R 18 M abk.

## RECHTE VORDERSEITE

Wird wie die li Vorderseite gestr, wobei die Muster und Formungen gegengleich gearbeitet werden. Die erste R der Strickschrift wird so gearbeitet:
**1. R:** verwenden Sie Garn A: 9 re, 1 abh, 1 re, * 1 abh, 1 re, 1 abh, 17 re, 1 abh, 1 re. Ab * bis zu den letzten 4 M wdh, 1 abh, 3 re.

## ÄRMEL

Mit 3¼-mm-Stricknadeln und Garn der HF 58 M anschl und wie für das Rückenteil beschrieben 8 R im doppelten Rippenms str. In der zuletzt gearbeiteten M 1 M zun (59 M). Wechsel zu 4-

mm-Nadeln und im Ms weiterarbeiten:
**1. R der Strickschrift:** verwenden Sie Garn A: 5 re, 1 M abh, 1 re, * 1 M abh, 1 re, 1 M abh, 17 re, 1 M abh, 1 re, wdh ab * bis zu den letzten 8 M, dann 1 M abh, 1re, 1 M abh, 5 re.

Im Ms str und zugleich 1 M an jedem Ende jeder flg 6. Reihe zun bis 115 M auf der Nadel sind. Ohne Formung weiterstr bis zu einer Gesamtlänge von 43,5 cm.

## OBERE ÄRMELFORM
Im Ms ff und am Anf der nächsten 5 R 23 M abk. Faden abk. Den zweiten Ärmel entsprechend arbeiten.

## HALSBLENDE
Schließen Sie mit kleinen Steppstichen die Schulternähte. Verwenden Sie eine lange 3¼-mm-Rundstricknadel und arbeiten Sie ausgehend von der Vorderseite. Zwischen der unteren Kante der re Vorderseite und dem Anf des Halsausschnittes 82 M aufn, 158 M entlang der Halskante bis zum Ende der li Vorderseite des Halsausschnittes aufn. Noch einmal von diesem Punkt bis zur unteren Kante der linken Vorderseite 82 M aufn = insgesamt 332 M. In Reihen arbeiten (nicht rund) und str Sie – beg mit einer 2. R – 3 R im doppelten Rippenms wie für das Rückenteil.
**Nächste R:** 3 M im Rippenms, * 3 M abk, 16 M im Rippenms, ab * noch 3-mal wdh, 3 M abk, bis zum Reihenende im Rippenms.

**Folgende R:** Arbeiten Sie im Rippenms und nehmen Sie über jeder Gruppe abgek M 3 M zu. 2 weitere R im Rippenms str. Die Maschen der nächsten Reihe nach Erscheinen abk.

## TASCHENBLENDEN
(Zweimal str). Stricken Sie mit 3¼-mm-Stricknadeln und Garn der HF aus der Vorderseite der Taschenoberkante 30 M heraus und arbeiten Sie 7 R im doppelten Rippenms. Die nächste R je nach Erscheinen der Rippe abk.

## AUSARBEITUNG
Nähen Sie die Ärmel mit kleinen Steppstichen zwischen die Markierungen der Armausschnitte, nähen Sie die Unterarmnaht vom Handgelenk bis zum Saum. Nähen Sie die Taschenbeutel an der Innenseite des Vorderteils an und die Knöpfe an die entsprechenden Stellen.

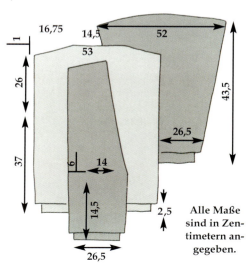

Alle Maße sind in Zentimetern angegeben.

• Modell 5 •
# Pullover mit Reißverschluss

*Dies ist eine Abwandlung des Herrenpullovers mit Perlmuster-Bordüren. Er hat eine Vordertasche mit beidseitigem Eingriff und einen Saum an Ärmeln und unterem Abschlussrand. Der Kragen hat einen Reißverschluss und auf den Ärmeln und Taschenrändern bilden gestrickte Kordeln ein Zopfmuster.*

## SCHWIERIG-KEITSGRAD

| Passform Brustumfang | | |
|---|---|---|
| 102 cm | 107 cm | 112 cm |

| entspricht Größen Brustumfang | | |
|---|---|---|
| 127 cm | 132 cm | 137 cm |

| Gesamtlänge bis zur Schulter | | |
|---|---|---|
| 63 cm | 65 cm | 67 cm |

| Ärmellänge | | |
|---|---|---|
| 54 cm | 55 cm | 56 cm |

## MATERIALIEN

22 (23; 24) x 50-g-Knäuel Jaeger Matchmaker Merino Aran in Farbschattierung 754.
Je 1 Paar 4-mm-Stricknadeln und 4½-mm-Stricknadeln
Ein 4-mm-Nadelspiel
10-cm-Reißverschluss

## ABKÜRZUNGEN

abh – abheben • abn – abnehmen • Anf – Anfang • ff – fortfahren – folg – folgende • glatt-rechts – HinR re RückR li • i. W. – im Wechsel • li – linksstricken • M – Maschen Ms – Muster • re – rechtsstricken • restl – restliche • zun – zunehmen • wdh – wiederholen

## RÜCKENTEIL

Mit 4-mm-Stricknadeln 122 (128; 134) M anschl. Beginnen mit einer re gestr R, weitere 15 R glatt re str.
**Die nächste R (Umbruchlinie des Saumes):** Bis zum Ende re str. Wechsel zu 4½-mm-Nadeln. Beginnen mit einer re gestr R und glatt re weiterarbeiten bis zu einer Rückenlänge von 58 (61; 61) cm ab Umbruchlinie. Mit einer li gestr R enden.

## HALSAUSSCHNITT

**Nächste R:** 44 (46; 48) M re str, wenden und mit diesen M für die erste Seite des Kragens weiterarbeiten. In den nächsten 4 Reihen 1 M am Kragenrand abn. 1 R str.

## FORMEN DER SCHULTERN

Am Anf der nächsten R 20 (21; 22) M abk. 1 R str. Die restl 20 (21; 22) M abk. Von der Vorderseite aus die nächsten 34 (36; 38) M auf eine Extranadel heben. Nehmen Sie den Faden für die nächste M wieder auf und str Sie bis zum Ende re. Arbeiten Sie entsprechend der ersten Seite weiter.

## TASCHENBODEN

Schlagen Sie mit 4-mm-Stricknadeln 48 (50; 52) M an. Beginnen Sie mit einer re gestr Reihe, weitere 16 R glatt rechts str. Diese M auf eine Extranadel nehmen.

## VORDERSEITE

Schlagen Sie mit 4-mm-Stricknadeln 122 (128; 134) M an. Beginnen Sie mit einer re gestr R, str Sie weitere 15 R glatt re.

**Nächste R (die Umbruchlinie des Saumes):** Bis zum Ende re str. Wechsel zu 4½-mm-Nadeln. Beg mit einer re gestr R und str Sie weitere 32 R glatt re.

## PLATZIEREN DER REISSVER-SCHLUSSTASCHE

**Nächste R:** 37 (39; 41) Ma r str und dann auf einen Maschenraffer nehmen. Die nächsten 48 (50; 52) Ma re str, wenden und die restl 37 (39; 41) M auf einem Maschenraffer lassen.

Str Sie – beginnend mit einer li gestr R – 45 R über die 48 (50; 52) M, nehmen Sie diese M auf einen Maschenraffer.

Legen Sie die Arbeit mit der Vorderseite nach oben hin. Nehmen Sie die M der li Vorderseite auf eine Stricknadel, str Sie die M des Taschenbodens re, dann str Sie 37 (39; 41) M der rechten Vorderseite re = insgesamt 122 (127; 132) M.

Str Sie 45 R beginnend mit einer li gestr R.

**Nächste R:** Nehmen Sie die Arbeit mit der Vorderseite nach oben auf. Str Sie 37 (39; 41) M re, der Taschenboden liegt dabei hinter der Arbeit. (Str Sie die nächste vordere M mit der nächsten M des Taschenbodens re zus) 48 (50; 52) mal. Dann 37 (39; 41) M re str = 122 (127; 132) M.

Beginnen Sie dann mit einer li gestrickten Reihe und arbeiten Sie bis zu einer vorderen Länge von 54,5 (57; 58) cm ab der Umbruchlinie des Saums glatt re. Enden Sie mit einer li gestr Reihe.

## HALSAUSSCHNITT

**Nächste R:** 49 (51; 53) Ma re str, wenden und mit diesen Maschen für die erste Seite des Kragens weiterarbeiten.

In jeder folgenden 2. R 1 M am Kragenrand abn bis nur noch 40 (42; 44) M übrig sind. Weiter so, bis die vordere Länge mit der Schulterlänge übereinstimmt, enden Sie am Seitenrand.

## FORMEN DER SCHULTERN

Am Anfang der nächsten R 20 (21; 22) M abk. 1 R str. Die restl 20 (21; 22) M abk. Von der Vorderseite aus die mittleren 24 (26; 28) M auf eine Extranadel heben. Nehmen Sie den Faden wieder für die nächste M auf und str Sie bis zum Ende re. Arbeiten Sie weiter entsprechend der ersten Seite.

## ÄRMEL

Mit 4-mm-Stricknadeln 40 (42; 44) M anschl. Str Sie – beginnend mit einer re R – weitere 15 R glatt re.

**Die nächste R (die Umbruchlinie des Saumes):** Bis zum Ende re str. Wechsel zu 4½-mm-Nadeln. Beginnen Sie mit einer re gestr R und str Sie weitere 20 R glatt re.

**Nächste R (in dieser R wird zugenommen):** 3 re, 1 M zun, bis zu den letzten 3 M re str, 1 M zun, 3 re. Wdh der letzten 4 Reihen bis 92 (94; 96) M auf der Nadel sind. Arbeiten Sie gerade weiter, bis der Ärmel ab Umbruchlinie 54 (55; 56) cm misst, und enden Sie mit einer li gestr R. Dann alle Ma abk.

## KRAGEN

Fügen Sie die Schulternähte zus. Nehmen Sie die Vorderseite nach oben und heben Sie mit einem 4-mm-Nadelspiel die ersten 12 (13; 14) M vom vorderen Halsausschnitt auf eine der Nadeln. Nehmen Sie den Arbeitsfaden auf und str Sie 15 M aus der re Seite des vorderen Halsausschnitts heraus re ab. Nehmen Sie 15 M entlang der li Seite des vorderen Halsausschnitts auf und str diese re. Nun die ersten 12 (13; 14) M von der Vorderseite des Kragens vom Maschenraffer re abstr.

Verteilen Sie die M gleichmäßig auf drei Nadeln und arbeiten Sie in Reihen hin und zurück.

**Nächste R:** 1 re, bis zur letzten M li str, 1 re.
**Folgende R:** bis zum Ende re str.
Wdh Sie die beiden Seiten bis der Kragen eine Länge von 10 cm hat und enden Sie mit einer re gestr Reihe.
Stricken Sie eine Reihe rechts zur Formung der Umbruchlinie.
**Nächste R:** 1 re, bis zur letzten M li str, 1 re.
**Folgende R:** bis zum Ende re str.
Wdh Sie die beiden Seiten, bis der Kragen eine Länge von 10 cm ab der Umbruchlinie hat, und enden Sie mit einer links gestrickten Reihe. Maschen abk.

## KORDELN

(2-mal anfertigen) Mit einem 4-mm-Nadelspiel 4 M anschl. Eine R re str, die Arbeit nicht wenden. * Den Faden straff über die Rückseite der Arbeit führen. Wieder 4M re str, ab * wdh bis die Kordel eine Länge von 100 cm hat. Faden kappen. Fertigen Sie noch zwei Kordeln mit einer Länge von 15 cm an.

## AUSARBEITUNG

Setzen Sie die Ärmel mit der Ärmelmitte an der Schulternaht ein und schließen Sie die Naht. Schließen Sie Seiten- und Ärmelnähte. Nähen Sie den Taschenboden an. Danach den Reißverschluss. Zuletzt stecken Sie die Kordeln fest und nähen sie an.

• Modell 6 •
# Kinderpullover

*Dieser kuschelige Pullover ist ganz einfach gearbeitet mit geraden Schultern und ohne geformten Armausschnitt, sodass Sie sich ganz auf das Häschen-Motiv in Intarsientechnik konzentrieren können. Augen, Nase und Schnurrhaare wurden am Ende aufgestickt und ein Pompon als Schwänzchen zur Vollendung des Bildmotivs hinzugefügt.*

## SCHWIERIG-KEITSGRAD ★ ★ ★

Passform Brustumfang

| 51 | 56 | 61 | 66 cm |

entspricht Größen

| 58,5 | 63,5 | 70 | 75 cm |

Gesamtlänge bis zur Schulter

| 31 | 35 | 40,5 | 45,5 cm |

Ärmellänge

| 20 | 25 | 29 | 33 cm |

## MATERIALIEN

Sirdar Snuggly Chunky (ca. 75 m/ 83 yds) pro 50-g-Knäuel
Farbe A: Glockenblume (Farbnummer 354) 4 (5; 6, 7) 50-g-Knäuel
Farbe B: weiß (Farbnummer 251), 1 (1; 1; 1) 50-g-Knäuel
Farbe C: kleine Menge an dunkelgrauem Stickgarn
Je 1 Paar 6½-mm-Stricknadeln und 5½-mm-Stricknadeln
6½-mm-Nadelspiel und 5½-mm-Nadelspiel oder entsprechende kurze Rundstricknadeln
2 Maschenraffer

## ABKÜRZUNGEN

Anf – Anfang • cm – Zentimeter • einfacher Überzug – 1 M abheben 1 M re str die abgehobene M über die gestrickte M ziehen • Fb – Farbe • folg – folgende li – linksstricken • M – Maschen • 2 M li verschr zus-str – 2 Maschen links verschränkt zusammenstricken • 2 M re zus-str – 2 Maschen rechts zusammenstricken • re – rechtsstricken 1 M verschr zun – 1 Masche verschränkt zunehmen • wdh – wiederholen • zun – zunehmen

## MASCHENPROBE

Glatt re gestr sind 14 M und 19 R = 10 x 10 cm. Verwenden Sie 6½-mm-Stricknadeln, um 20 M anzuschl und str Sie 24 R glatt re. Die Maschenprobe messen. Ist sie zu eng, werden weitere M und R benötigt, um ein 10-cm-Quadrat zu erhalten, versuchen Sie ein weiteres Teststück mit größeren Nadeln. Ist es zu locker, mit weniger M und R um 10 x 10 cm auszumachen, dann str Sie eine weitere Probe mit kleineren Nadeln.

## RÜCKENTEIL

Schlagen Sie mit 5½-mm-Stricknadeln und Farbe A 42 (46; 50; 54) M an.
**1. R:** * 1 re, 1 li, wdh ab * bis Ende. Wdh Sie diese R 3(5; 5; 5)-mal.
Insgesamt 4 (6; 6; 6) R im Rippenms.
Wechseln Sie zu 6½-mm-Stricknadeln.

**1. R:** bis zum Ende re str.
**2. R:** 1 re, bis zum Ende li str, 1 re.
Arbeiten Sie alle Rückr des glatt re Gestrickten ebenso, arbeiten Sie an jedem Rand eine Randmasche.

Wdh Sie diese 2 R noch weitere 13(16; 20; 24)-mal. Insgesamt 28 (34; 42; 50) R glatt re, mit einer Rückr enden.

Beide Seiten der letzten R markieren. Sie zeigen den Beginn des Armausschnitts an.

R 1 und 2 insgesamt 13 (13; 14; 15) mal wdh. Insgesamt ab der Markierung nun 26 (26; 28; 30) R. Mit einer Rückr enden. Insgesamt 54 (60; 70; 80) R glatt re.

## FORMEN DER SCHULTERN

Jeweils am Anfang der nächsten 2 R 6 (6; 7; 7;) M abk, auf der Hinr re abk, auf der Rückr li abk.

Am Anf der folg 2 R wieder 6 (6; 7; 7;) M abk. Es bleiben 18 (20; 22; 24) M übrig. Nehmen Sie diese M auf einen Maschenraffer und kappen Sie den Faden nach ca. 15 cm.

### PROFI-TIPP

Wählen Sie für die Stickerei ein dünneres Garn aus wie Kammgarn oder Garn der Nadelstärke 3½ bis 4. Nehmen Sie für die Stickarbeiten den Faden doppelt, damit die Maschen gut verdeckt sind. Nehmen Sie für die Schnurrhaare das Garn einfach, dann fällt es schöner.

## VORDERTEIL

Wird wie Rückenteil gestrickt bis zu **. Dann 0 (6; 10; 14) R glatt re wie beim Rückenteil str und mit einer Rückr. enden (Zu beachten: nur bei der ersten Größe beginnt das Motiv direkt nach dem Bündchen).

## HÄSCHEN-MOTIV

(Strickschrift auf der nächsten Seite)
Wickeln Sie von einem neuen Knäuel Garn der Farbe A 3,5 m, und von der Farbe B ca. 4,5 m ab zu einem neuen Knäuel. Diese werden später für das Erstellen der Ohren benötigt.

Die Hinreihen (ungerade Zahlen) werden von re nach li gelesen und die Rückreihen von li nach re.

**R 1 der Strickschrift:** Str Sie mit dem schon angebrochenen Knäuel der Farbe A 10 (12; 14; 16) M re, nehmen Sie ein neues Knäuel der Farbe B und str Sie 18 M re, dann mit einem neuen Knäuel der Farbe A um 14 (16; 18; 20) M re bis zum Ende str.

**R 2 der Strickschrift:** Mit Farbe A 1 M re, dann 13 (15; 17; 19) M li. Wechsel zu Farbe B und 19 M li str, dann wieder Farbe A 8 (10; 12; 14) M li, 1 re str. Weiter so die aufeinanderfolg R der Schrift lesen.

**R 15 der Strickschrift:** Farbe A unterhalb der Vorderpfote auf der Rückseite über 7 M mitführen, dabei das Garn zweimal verkr, um einen langen unbenutzten Faden zu vermeiden.

Sobald Sie die R 28 (28; 32; 36) der Strickschrift vollendet haben, setzen Sie am Ende der letzten R eine Markierung.

• STRICKMODELLE •

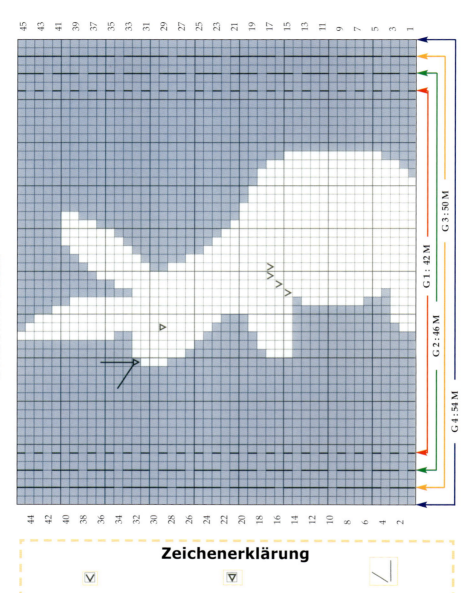

## Zeichenerklärung

- Maschenstich in Farbe A
- Maschenstich in Farbe A
- Vorstiche (Zierstich) in Farbe A

**R 33 der Strickschrift:** Mit dem schon angebrochenen Knäuel der Farbe B die M des ersten Ohrs str, verwenden Sie das kleine Knäuel der Farbe A für die M zwischen den Ohren und nehmen Sie wieder das kleine Garnknäuel der Farbe B auf, um die M des zweiten Ohrs zu arbeiten. Arbeiten Sie so bis zum Ende der R 45 der Strickschrift.

Wechsel zu Farbe A und str Sie ausgehend von einer li R 1 (1; 5; 11) R glatt re. Insgesamt 46 (52; 60; 70) R ab der letzten Bündchenreihe.

## VORDERER HALSAUSSCHNITT: Erste Seite

**1. R Halsausschnitt:** 17 (18; 20; 21) M re, Arbeit wenden. Es wird nur mit diesen M weitergestr.
**2. R Halsausschnitt:** 2 M li zus str, bis zur letzten M li str, 1 re.
**3. R Halsausschnitt:** bis zu den letzten beiden M re str, dann 2 re zus str.
Wdh Sie R 2 und 3 noch 1 (1; 2; 2) mal.
**Nur 1. und 2. Größe:** Arbeiten Sie die 2. R des Halsausschnitts zweimal.

## ALLE GRÖẞEN

Es sind 12 (13; 14; 15) M übrig. Str Sie weitere 2 (2; 3; 3) R, enden Sie mit einer Rückr. Insgesamt 54 (60; 70; 80) R ab der letzten Bündchenreihe. Arbeiten Sie am Beginn der Schulterpartie weiter voran.

## FORMEN DER SCHULTER

**Nächste R:** 6 (6; 7; 7) M re abk, bis zum Ende re str.
**Folgende R:** bis zum Ende li str. Die letzten 6 (7; 7; 8) M re abk. Faden in einer Länge von 30 cm kappen.

## VORDERER HALSAUSSCHNITT: Zweite Seite

Arbeit mit der re Vorderseite nach vorn aufnehmen und dann 8 (10; 10; 12) M aus der Mitte auf einen Maschenraffer nehmen. Mit Farbe A am re Ende der restlichen 17 (18; 20; 21) M weiterarb.
**1. R Halsausschnitt:** bis zum Ende re str.
**2. R Halsausschnitt:** bis zu den 2 letzten M li str, dann 2 M li zus str.
**3. R Halsausschnitt:** einfachen Überzug arbeiten, dann bis zum Ende re str.
Wdh Sie R 2 und 3 noch 1 (1; 2; 2)-mal.
**Nur 1. und 2. Größe:** Arbeiten Sie die 2. R des Halsausschnitt zweimal.

## FORMEN DER SCHULTER

**Nächste R:** 6 (6; 7; 7) M li abk, bis zum Ende li str.
**Folgende R:** bis zum Ende re str. Die letzten 6 (7; 7; 8) M li abk. Faden bei 30 cm kappen. Ärmel (2-mal arbeiten) Mit 5½-mm-Stricknadeln und Farbe A 26 (26; 28; 28) M anschl.
**1. R:** * 1 re, 1 li, wdh ab * bis Ende. Diese R noch 5-mal wdh, insgesamt 6 Bündchenreihen. Wechsel zu 6½-mm-Stricknadeln.

## FORMEN DER ÄRMEL

Zunahme R 1: 1 re, 1 M verschr zun, bis zur letzten M re, 1 M verschr zun, 1 re = 28 (28; 30; 30) M. Arbeiten Sie 5 R glatt re, beginnen und enden Sie mit einer li gestr R mit Randmasche, wie beim

Rückenteil. Wdh Sie diese 6 R 3 (5; 5; 6) mal = 34 (38; 40; 42) M. Insgesamt 24 (36; 36; 42) R glatt re ab der letzten Bündchenreihe.

Arbeiten Sie eine weitere R wie Reihe 1 = 36 (40; 42; 44) M.

Str Sie, beginnend mit einer li gestr R, weiter glatt re bis der Ärmel eine Länge von 20 (25; 29; 33) cm ab Maschenanschlag hat. Ansonsten str Sie bis zur gewünschten Länge, dann locker abk.

## ZUSAMMENSETZEN

Vernähen Sie alle Fadenenden des Motivs auf der linken Seite.

Sticken Sie das Motiv gemäß Strickschrift auf. Verwenden Sie die übrig gebliebenen Fadenenden für das Schließen der Schulternähte mit Steppstichen. Schlagen Sie einen Ärmel der Länge nach zur Hälfte um, um die Mitte der oberen Kante zu finden. Die Schulternaht an dieser Stelle ansetzen. Setzen Sie die oberen Ecken des Ärmels an den seitlichen Markierungen von Vorder- und Rückenteil an. Schließen Sie die Naht des Armausschnitts. Arbeiten Sie den anderen Ärmel genauso. Schließen Sie die Seiten- und Armnähte im Matratzenstich, nähen Sie die Randmaschen mit ein.

## RUNDHALSKRAGEN

Beginnen Sie an der rechten Schulternaht, ausgehend von der Vorderseite der Arbeit. Verwenden Sie ein Nadelspiel oder eine Rundstricknadel der Stärke 5½ mm und Farbe A und str Sie die 18 (20; 22; 24) M vom Maschenraffers des hinteren Halsausschnitts re ab. 10 (10; 11; 11) M aus der ersten Seite des vorderen Halsausschnitts herausstr und str Sie diese re ab. Die 8 (10; 10; 12) M des Maschenraffers der vorderen Mitte re str und 10 (10; 11; 11) M von der zweiten Seite des vorderen Halsausschnitts aufn und sie ebenfalls re str. Insgesamt 46 (50; 54; 58) M.

**1. Runde:** * 1 re, 1 li, wdh ab * bis Ende. Wdh Sie diese Runde 3-mal.
Wechsel zu einer 6½-mm–Nadel und wie gewohnt re und li abk.
Fertigen Sie einen Pompon (s. S. 51) in Farbe B mit einem Durchmesser von

5 cm an. Nähen Sie ihn an. Vernähen Sie alle restl Fadenenden auf der linken Seite.

• Modell 7 •
# Silberstreifen

*Bei dieser Mohair-Jacke kommt die Sonne hinter den Wolken hervor.*

| SCHWIE-RIGKEITS-GRAD | ★ ★ ★ ★ | |
|---|---|---|
| Passformen | 81–86 | 91–96 cm |
| entspricht Größe | 102 | 112 cm |
| Gesamtlänge | 61 | 64 cm |
| Ärmellänge | 43,5 | 44,5 cm |

## MATERIALIEN

| | | |
|---|---|---|
| 13 | 13 | HF |
| 9 | 10 | A |
| 2 | 3 | B |

250-g-Knäuel dickes Mohair-Garn
Nadeln: 1 Paar 5½-mm und 1 Paar 4½-mm-Stricknadeln – 1 Knopf
Originalgarn: Sirdare Nocturne

## ABKÜRZUNGEN

abn – abnehmen • Anf – Anfang folg – folgende • ff – fortfahren glatt rechts – HinR re RückR li • i. W. – im Wechsel • li – linksstricken • M – Maschen • Ms – Muster • re – rechtsstricken • restl – restliche • wdh – wiederholen • zun – zunehmen • zus – zusammen • HF – Hauptfarbe • A – 1. Farbe • B – 2. Farbe

## MASCHENPROBE
5-mm-Stricknadeln verwenden und 16 M und 21 R im M = 10 × 10 cm str.

## HINWEIS
Beim Farbmusterstr müssen Sie den Faden sehr locker auf der Rückseite mitführen, damit die Fadenspannung nicht leidet. Das Verschlingen des Fadens sollte von der Vorderseite nicht zu sehen sein.

## TASCHENBEUTEL (zweimal)
Mit 5-mm–Stricknadeln und Garn der HF 28 M anschl. 14 cm glatt re str, dann die M auf einen Maschenraffer nehmen.

## RÜCKEN- UND VORDERSEITE (in einem Stück)
Verwenden Sie 5-mm–Stricknadeln und Garn der HF, schlagen Sie 162 (180) M an und str Sie im Farbms nach Strickschrift:
**1. R:** * 6 re mit HF, 4 re mit A, 8 re mit HF, wdh ab * bis Ende.
Nach Farbms der Strickschrift ff und beidseitig in jeder folg 7. R 1 M zun (arbeiten Sie diese M in das Farbmuster ein). Nach 15 cm und mit einer Rückreihe endend werden die Taschen platziert.

## TASCHEN (zweimal)
8 M nach Ms str, die nächsten 28 M abk, die restl M nach Ms str bis zu den letzten 36 M.
Die nächsten 28 M abk, die restl 8 M nach Ms str.

**Nächste R:** Str Sie 8 M nach Ms, str Sie die M der oberen Taschenkante nach Ms, str Sie die letzten 36 M im Ms, str Sie die Maschen der zweiten oberen Taschenkante nach Ms, stricken Sie die restl 8 M nach Ms.

Formen Sie diese M im Ms weiter bis zu einer Länge von 37 (38) cm und enden Sie mit einer li gestr Reihe.

## UNTERTEILUNG FÜR DEN ARMAUSSCHNITT

Teilen Sie die Arbeit in 3 Teile mit 87 (90) M für den mittleren hinteren Teil. Arbeiten Sie auf der linken Vorderseite folgendermaßen: ** Nehmen Sie im Folg nur am vorderen Rand wie gewohnt zu, bis 16 Zunahmen gearbeitet wurden. Dann ohne Formung ff bis 57 (60) cm. Enden Sie an der vorderen Randkante.

## HALSAUSSCHNITT

20 M abk und die restliche Reihe nach Ms str.
**Nächste R:** Str Sie bis zu den letzten beiden M nach Ms, dann 2 li zus str.
**Folgende R:** Ketten Sie 4 M ab und str Sie die restl Reihe nach Ms.
Nehmen Sie in den nächsten 7 (6) Reihen jeweils nur 1 M an der Halskante ab, dann str Sie die restl 25 (30) M nach Ms bis 61 (64) cm. Abketten.

Nehmen Sie den Faden wieder an der rechten Vorderseite auf und arbeiten Sie entsprechend der linken Vorderseite. Ketten Sie für das Knopfloch 3 M ab und zwar 2 Reihen unterhalb der Halsrundung und 2 M vom Rand der nächsten Reihe entfernt. Dann schlagen Sie diese 3 M über den abgeketteten M auf der folg Reihe wieder an.

Nehmen Sie den Faden auf, um die 80 (90) M des Rückenteils zu stricken und arbeiten Sie bis zu einer Länge von 61 (64) cm nach Ms. Abketten.

## ÄRMEL

Schlagen Sie mit 5½-mm-Stricknadeln und Garn der HF 54 M an und str Sie nach Ms, die erste R entsprechend der ersten R des Rückenteils. Nehmen Sie dabei in jeder folg 7. (5.) R beidseitig 1 M zu, bis Sie insgesamt 78 (86) M haben. Danach gerade weiterstr bis zu einer Länge von 43 (44) cm. Abketten.

## SAUMKANTE

Verwenden Sie 4½-mm-Stricknadeln und arbeiten Sie von der Vorderseite mit Farbe B. Nehmen Sie gleichmäßig 174 (192) M entlang des Saums auf. Ketten Sie in der nächsten Reihe rechts ab.

## VORDERE KANTEN

Nehmen Sie mit 4-mm-Stricknadeln und Garn A von der rechten Vorderseitenkante 92 (96) M auf. Ketten Sie in der nächsten Reihe rechts ab.

## HALSKANTE

Schließen Sie die Schulternähte mit kleinen Steppstichen. Nehmen Sie mit 4-mm-Stricknadeln und Garn B von der Vorderseite der Halskante 76 (80) M auf. Ketten Sie in der nächsten Reihe rechts ab.

## ÄRMELKANTE

Nehmen Sie mit 4½-mm-Stricknadeln und Garn B von der Vorderseite aus gleichmäßig 56 M entlang der unteren Kante des Ärmels auf. In der nächsten R re abk.

## TASCHENKANTE

Nehmen Sie mit 4½-mm-Stricknadeln und Garn B von der Vorderseite der oberen Taschenkante 30 M auf. In der nächsten R re abk.

## AUSARBEITUNG

Schließen Sie die Ärmelnähte mit kleinen Steppstichen. Nähen Sie die Ärmel in die Armausschnitte und die Taschenbeutel auf der Innenseite an. Bringen Sie den Knopf an der richtigen Stelle an. Verwenden Sie Garn der Farbe B und arbeiten Sie über das gesamte Strickstück hier und da einen kleinen Knoten.

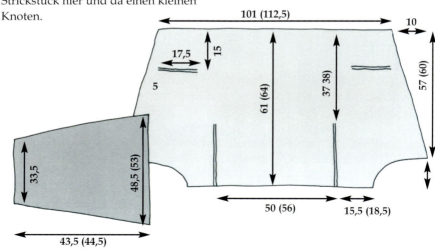

**Alle Maße sind in Zentimetern angegeben.**

• Modell 8 •
# Winterpullover

*Mehrfarbiger Kinderpullover*

## SCHWIERIG-KEITSGRAD

| Passformen | | | |
|---|---|---|---|
| 61 | 66 | 71 | 76 cm |

| Entspricht Größe | | | |
|---|---|---|---|
| 66 | 71 | 76 | 81 cm |

| Gesamtlänge | | | |
|---|---|---|---|
| 39 | 42 | 46 | 51 cm |

| Ärmellänge | | | |
|---|---|---|---|
| 27,5 | 30 | 37 | 40 cm |

## MATERIALIEN

| | | | | |
|---|---|---|---|---|
| 3 | 3 | 4 | 4 | A |
| 2 | 2 | 2 | 3 | B |
| 2 | 2 | 2 | 3 | C |
| 2 | 2 | 2 | 3 | D |

50-g-Knäuel Garn der Nadelstärke 3½ bis 4.

1 Paar 3-mm-Nadeln
1 Paar 3¾-mm-Nadeln
1 × 10 (10; 15; 15)-cm-Reißverschluss

Originalgarn: Pingouin Pingofrance

## ABKÜRZUNGEN

abn – abnehmen • Anf – Anfang • ff – fortfahren • folg – folgende • glatt rechts – HinR re RückR li • i.W. – im Wechsel li – linksstricken • M – Maschen • Ms – Muster • re – rechtsstricken • restl – restliche • wdh – wiederholen • zun – zunehmen • zus – zusammen • A – erste Farbe • B – zweite Farbe • C – dritte Farbe D – vierte Farbe

## MASCHENPROBE

Mit 3¾-mm-Nadeln 23 M anschl und glatt re str. 23 M und 30 R = 10 × 10 cm.

## RÜCKENTEIL

Mit 3-mm-Nadeln 22 M und Garn der Farbe A 62 (70; 78; 90) M anschl.
**1. R:** * 2 re, 2 li, ab * bis zu den letzten beiden M wdh, 2 re.
**2. R:** * 2 li, 2 re, ab * bis zu den letzten beiden M wdh, 2 li.
Wdh Sie diese beiden Reihen, bis die Arbeit 6 cm lang ist und enden Sie mit einer ersten R.
**Nächste R:** 3 (4; 6; 4) im Rippenms, × 11 (12; 13; 10), in der nächsten M zun und bis zum Ende im Rippenms. Insgesamt 74 (83; 92; 101) M.
  Wechseln Sie zu 3¾-mm-Nadeln und stricken Sie so nach Ms weiter:
**1. R:** 1 re mit Farbe B, * 8 re in B, 1 re in C, wdh ab * bis zur letzten M, 1 re in C.
**2. R:** 1 li in C, * 2 li in C, 7 li in B, wdh ab * bis zur letzten M, 1 li in B.

**3. R:** 1 re mit Farbe B, * 6 re in B, 3 re in C, wdh ab * bis zur letzten M, 1 re in C.
**4. R:** 1 li in C, * 4 li in C, 5 li in B, wdh ab * bis zur letzten M, 1 li in B.
**5. R:** 1 re in B, * 4 re in B, 5 re in C, wdh ab * bis zur letzten M, 1 re in C.
**6. R:** 1 li in C, * 3 li in B, wdh ab * bis zur letzten M, 1 li in B.
**7. R:** 1 re in B, * 2 re in B, 7 re in C, wdh ab * bis zur letzten M, 1 re in C.
**8. R:** 1 li in C, * 8 li in C, 1 li in B, wdh ab * bis zur letzten M, 1 li in B.
**9. R:** 1 re in A, * 8 re in A, 1 re in D, wdh ab * bis zur letzten M, 1 re in D.
**10. R:** 1 li in D, * 2 li in D, 7 li in A, wdh ab * bis zur letzten M, 1 li in A.
**11. R:** 1 re in A, * 6 re in A, 3 re in D, wdh ab * bis zur letzten M, 1 re in D.
**12. R:** 1 li in D, * 4 li in D, 5 li in A, wdh ab * bis zur letzten M, 1 li in A.
**13. R:** 1 re in A, * 4 re in A, 5 re in D, wdh ab * bis zur letzten M, 1 re in D.
**14. R:** 1 li in D, * 6 li in D, 3 li in A, wdh ab * bis zur letzten M, 1 li in A.
**15. R:** 1 re in A, * 2 re in A, 7 re in D, wdh ab * bis zur letzten M, 1 re in D.
**16. R:** 1 li in D, * 8 li in D, 1 li in A, wdh ab * bis zur letzten M, 1 li in A.

Diese 16 Reihen bilden das Muster. Str. Sie weiter nach Ms bis zu einer Länge von 25 (27; 30; 34) cm ab Anf. Setzen Sie die Armausschnitt-Markierungen an jedem Ende der letzten R und str sie im Ms weiter bis 39 (42; 46; 51) cm ab Anf. Abk, dann in M 25 (28; 31; 34) und 50 (56; 62; 68) die Markierungen für den Halsausschnitt anbringen.

## VORDERSEITE
Wird wie das Rückenteil gestrickt bis zu einer Länge von 25 (27; 30; 34) cm ab Anfang, enden Sie mit einer Hinreihe.

## HALSAUSSCHNITT
**Nächste R:** Nur für die 1. und 3. Größe: 37 (46) M nach Ms str, Arbeit wenden. Nur 2. und 4. Größe: 40 (49) M nach Ms str, 2 M nach Ms zus str, Arbeit wenden. * Mit diesen 37 (41; 46; 50) M im Ms ff und am Halsrand der nächsten und in jeder folgenden 3. R 1 M abn bis nur noch 24 (27; 30; 30) M übrig sind. Nach Ms ff ohne Formung bis zu derselben Msreihe wie zum Abketten auf der Rückseite. Abk.

Nehmen Sie den Faden für die übrigen M wieder auf und wdh ab *.

## ÄRMEL
Mit 3-mm-Nadeln und Garn der Farbe A 30 (30; 34; 34) M anschl und im doppelten Rippenms wie für das Rückenteil angegeben arbeiten. Beginnen Sie mit einer zweiten Reihe und str Sie bis zu einer Länge von 12 cm, enden Sie mit einer ersten Reihe.
**Nächste R:** 0 (0; 3; 3) im Rippenmuster, × 7 (7; 9; 9), in der nächsten M zun und bis zum Ende im Rippenmuster = 38 (38; 44; 44) M.
Wechsel zu 3¾-mm-Nadeln und im Ms weiterstr:
**1. R:** 1 (1; 4; 4) re mit Farbe B, * 8 re in C, 1 re in B, wdh ab * bis zur letzten M, 1 (1; 4; 4) re in C. Im Ms ff und in jeder folg 4. (4.; 5.; 6.) R beidseitig 1 M zun bis 66 (70; 74; 78) M auf der Nadel sind.

• WINTERPULLOVER •

Nach Ms ff ohne zu formen bis 33,5 (36; 43; 46) cm ab Anf. M abk.

## KRAGEN

Mit 3-mm-Nadeln und Garn der Farbe A 94 (98; 102; 110) M anschl und im doppelten Rippenms wie für das Rückenteil angegeben arbeiten. In der 2. und jeder folg 2. R beidseitig 1 M abn bis noch 72 (74; 78; 86) M übrig sind. Nach Ms ohne Formung ff bis 10 cm.
**Nächste R:** 23 (23; 23; 26) M im Rippenms str; 26 (28; 32; 34) M abk; bis Ende der R im Rippenms str, die letzten 23 (23; 23; 26) M nur im Rippenms str.

**Nächste R:** bis zu den letzten beiden M im Rippenms, dann 2 M im Ms zus str. Weiter im Rippenms ff und an jedem gleichen Rand – entsprechend der zuerst abgen M – in jeder 2. (2.; 2.; 3.) R 1 M abn, bis nur noch 1 M übrig bleibt. Abk. Den Faden für die restl 23 (23; 23; 26) M wieder aufn und die M wie die der 1. Seite str, mit gegengleicher Formung.

## AUSARBEITUNG

Schließen Sie die Schulternähte mit kleinen Steppstichen. Nähen Sie die oberen Ärmelränder in die Armausschnitte und schließen Sie die Seiten- und Ärmelnähte. Stecken Sie den Kragen sauber entlang der Halskante fest und nähen Sie ihn fest. Nähen Sie den Reißverschluss in die vordere Kragenöffnung.

**Alle Maße sind in Zentimetern angegeben.**

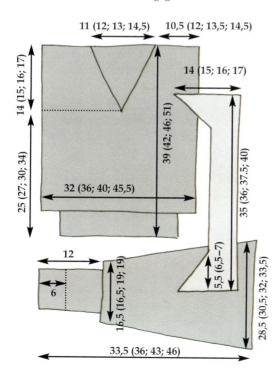

• Modell 9 •
# Kleine Schultertasche mit Zierlasche

*Diese einfache Strickanleitung wurde für Strickanfänger entworfen. Die Tasche selbst wird glatt-rechts gestrickt mit einer verkreuzten Kordel und einer angestrickten Lasche. Hergestellt unter Verwendung von feinen Garnen, Farben und Perlen, entstehen diese einfachen Taschen aus einem gestrickten Rechteck. Hier finden Sie drei Alternativen für das Design der Tasche.*

## SCHWIERIG-KEITSGRAD

Maße
12,5 cm breit und 18 cm lang

Maschenprobe
28 M und 36 R ergeben ein Quadrat von 10 cm für Glatt-rechts-Gestricktes. Verwenden Sie 3-mm-Stricknadeln.

## MATERIALS

1 × 50-g-Jaeger Matchmaker
4-fädig in Farbschattierung 741 Mineral
1 Paar 3-mm-Stricknadeln

## ABKÜRZUNGEN

abn – abnehmen • Anf – Anfang • ff – fortfahren • folg – folgende • glatt rechts – HinR re, RückR li • i.W. – im Wechsel • li – linksstricken • M – Maschen • Ms – Muster • re – rechtsstricken • restl – restliche • U – Umschlag • zun – zunehmen • zus – zusammen • wdh – wiederholen

## VORDERSEITE

Schlagen Sie mit 3-mm-Nadeln 44 M an. Beginnen Sie mit einer re gestr Reihe, arbeiten Sie glatt re bis zu einer Länge von 18 cm ab dem Maschenanschlag und enden Sie mit einer Rückreihe.

## RÜCKSEITE

Mit 3-mm-Nadeln entlang der Maschenanschlagskante der Vorderseite 44 M aufn und re abstricken. Die Rückseite wird an der Vorderseite angestrickt. Stricken Sie eine Reihe rechts. Arbeiten Sie weiter glatt-rechts, beginnen Sie mit einer rechts gestr Reihe und arbeiten Sie die gleiche Länge wie für die Vorderseite. Nehmen Sie alle Maschen auf einen Maschenraffer oder auf eine Extranadel.

## LASCHE

Mit 3-mm-Nadeln 8 M anschl. 1 R re, dann 1 R li. str
In der nächsten Reihe mit der Zunahme anfangen:
**1. R:** 2 re, U, 4 re, U, 2 re.
**2. R:** 2 li, U, 6 li, U, 2 li.
**3. R:** 2 re, U, 8 re, U, 2 re.
**4. R:** 2 li, U, 10 li, U, 2 li.
Weiter so zun, arbeiten Sie alle neuen M glatt re, bis Sie 44 M haben.
Stricken Sie 6 Reihen glatt re.
Nehmen Sie alle M auf einen Maschenraffer oder auf eine Extranadel.

## KORDEL

Drehen Sie aus 4 Fadenenden eine Kordel in einer Länge von ungefähr 80 cm.

## KNOPFSCHLINGE

Nähen Sie eine Knopfschlinge an den Rand der gestrickten Lasche; dorthin, wo der Knopf sitzen soll.

## FERTIGSTELLUNG

Ketten Sie die Maschen der Rückseite und der Lasche zusammen ab. Legen Sie dazu die linken Seiten aufeinander, um einen oberen Kantensaum zu arbeiten, die Nadeln liegen dabei parallel, sodass sie in die gleiche Richtung zeigen. Nehmen Sie eine dritte Nadel und stricken Sie die erste Masche der Lasche und die erste Masche der Rückseite zusammen. Dann die zweiten Maschen. Ziehen Sie die erste neue Masche über die zweite neue Masche, um sie abzuketten. Arbeiten Sie so weiter bis zum Ende der Reihe.

## VARIATIONEN

Sie können das Erscheinungsbild der Tasche verändern, indem Sie bei der gestrickten Lasche einige einfache Änderungen vornehmen.

Oben rechts: Nähen Sie eine zweifarbige, geflochtene Kordel am Rand der Lasche fest.

Mitte rechts: Nähen Sie mehrere Knöpfe entlang der unteren Laschenkante. Sie können sie auch als Muster aufnähen, wie hier als Blumen.

Unten rechts: Häkeln Sie eine kleine Blume und nähen Sie diese auf die Lasche.

• SCHULTERTASCHE MIT ZIERLASCHE •

# Glossar

**2-fädig, 3-fädig, 4-fädig:** mit zwei Farben in derselben Reihe stricken.

**Abnehmen:** Maschen zusammenstricken, damit sich die Zahl der Maschen verringert.

**Abketten:** Befestigen der Maschen, damit sie sich nicht lösen.

**Ärmelbündchen/Bündchen:** der untere Teil eines Ärmels

**Bouclé-Garn:** Handarbeitsgarn mit Knötchen-Effekt

**Chenille:** ein kräftiges, schwereres Garn

**Dämpfen:** Behandlung eines Strickstücks, um seine Form zu festigen.

**Doppelmasche:** eine gestrickte Masche im Maschenstich übersticken.

**Eingesetzter Arm:** ein Armausschnitt und Ärmelform, bei der der Armausschnitt abgerundet ist, sodass der abgerundete Ärmel eingesetzt werden kann.

**Farbpartie-Nummer:** zeigt das genaue Farbbad an, in dem die Wolle gefärbt wurde, nicht nur die Schattierung.

**Formen oder Formung** Zunehmen oder Abnehmen der Anzahl von Maschen, um die gewünschte Form zu erhalten.

**Glatt-links-stricken:** glatt stricken, indem die Hinreihe links, die Rückreihe rechts gestrickt wird.

**Glatt-rechts:** Muster, das entsteht, wenn man die Hinreihe rechts und die Rückreihe links strickt und dies immer wiederholt.

**Hebemasche:** eine Masche, die von einer Stricknadel zur anderen gehoben wird, ohne dass sie gestrickt wird.

**Hohlmasche** Masche, die entsteht, wenn man den Faden zweimal um die Stricknadel wickelt und in der nächsten Reihe abstrickt.

**Intarsienarbeit** Technik, in der Bilder gestrickt werden.

**Jacquardmuster oder Fair-Isle-Muster** (auch Norwegermuster): ein mit zwei Farben in einer Reihe gestricktes Muster.

**Kammgarn:** ein mittelschweres Garn.

**Knopfleiste oder Knopfblende:** ein seitlich oder längs angestricktes Strickteil, auf dem die Knöpfe aufgenäht werden.

**Kraus rechts:** Muster, das entsteht, wenn Hin- und Rückreihe nur rechts- oder beide nur links-gestrickt werden.

**Markierungsring:** ein dünner gespaltener Metall- oder Plastikring, der auf eine Masche oder auf eine Nadel gesetzt wird, um eine bestimmte Stelle der Arbeit anzuzeigen.

**(Maschen) aufnehmen:** neue Maschen auf eine Nadel aufstricken.

**Maschenprobe:** Anzahl von Maschen und Reihen, die ein bestimmtes Maß ergibt.

**Maschenraffer:** eine Nadel, die als Hilfsmittel verwendet wird, um Maschen kurzzeitig zu halten.

**Maschenstich:** ein Nähstich, der einen Strang der einen Seite mit einem der zweiten Seite verbindet.

**Matratzenstich:** Stich, den man für eine unsichtbare Naht verwendet.

**Muster/Strickmuster:** ein Maschenmuster, nach dem eine Strickarbeit erstellt werden kann.

**Musterfolge:** Anzahl von Maschen und Reihen, die benötigt wird, um ein bestimmtes Muster zu stricken.

**Nadelmaß:** eine kleine Platte aus Metall oder Plastik mit Löchern in unterschiedlicher Größe, an denen man die Nadelstärke abmessen kann.

**Nadelschützer:** ein Plastikschutz, der die Spitzen einer Stricknadel schützt.

**Nadelspiel oder Strumpfstricknadel:** eine Stricknadel, die beidseitig spitz ist.

**Naht:** das Verbinden zweier Strickteile durch Aneinandernähen.

**Öse oder Loch:** ein Knopfloch oder ein kleines Loch innerhalb eines Lochmusters.

**Perlmuster:** ein Strickmuster mit geknotetem Erscheinungsbild.

**Raglan:** eine Ärmel- und Armausschnittform, die schräg vom Armausschnitt zum Hals verläuft.

**Randmasche:** die erste oder letzte Masche einer Reihe; sie wird auf eine andere Art gestrickt als die Maschen der Reihe, damit der Rand schöner aussieht oder auch damit ein festerer, sauberer Rand entsteht.

**Rapport:** die Anzahl der Maschen, die man für einen Mustersatz braucht.

**Rechte Seite:** die Seite der Strickarbeit, die außen ist, wenn das Kleidungsstück getragen wird.

**Rechts und links:** (bei der Beschreibung eines Kleidungsstücks) Die Begriffe bezeichnen die Stelle, an der die Stücke getragen werden, z. B. der rechte Ärmel ist der, der am rechten Arm getragen wird, nicht der Ärmel, der beim

• GLOSSAR •

## GLOSSAR

Betrachten des Kleidungsstücks von vorn rechts ist.

**Rippenmuster:** verschiedene Kombinationen von rechten und linken Maschen, die dann vertikale Linien als Muster bilden.

**Rundstricknadel:** eine lange, beidseitig spitze Stricknadel mit elastischem Plastikband in der Mitte, die man zum Stricken in Runden oder beim Stricken mit einer großen Anzahl von Maschen benötigt.

**Sichtbare Zu- oder Abnahme:** ein Strickstück durch zwei oder mehr Maschen vom Rand der Arbeit entfernt gestrickte Zu- und/ oder Abnahmen formen

**Spielraum:** Differenz zwischen dem Körpermaß und dem Kleidungsmaß.

**Sticken im Maschenstich:** Stickstich, bei dem mit einer anderen Farbe über/in einzelne gestrickte Maschen gestickt wird.

**Strang:** ein Stück Wolle.

**Strickanleitung:** nach der eine Strickarbeit erstellt werden kann

**Strumpfwolle:** ein leichtes Garn (ähnlich der 2-fädigen oder 3-fädigen).

**Unbenutzter Faden:** Faden, der auf der linken Seite mitgeführt wird.

**Verkreuzt:** eine einzelne Masche wird mit einer anderen Masche verschränkt/ verkreuzt.

**Verschlingen:** eine Farbe auf der linken Seite – hinter mehreren Maschen einer anderen Farbe – beim abwechselnden Stricken mit mehreren Farben mitführen.

**Wie links gestrickt:** wie bei einer linken Masche (also von rechts kommend).

**Wie rechts gestrickt:** wie beim Stricken einer rechten Masche.

**Wollnähnadel oder Teppichnadel:** Sticknadel mit stumpfem Ende und großem Nadelöhr.

**Zopf:** ein Teil Maschen wird mit einem zweiten Teil von Maschen verkreuzt.

**Zopfnadel:** eine kurze, beidseitig spitze Stricknadel, die man zum Stricken von Zopfmustern benötigt.

**Zunehmen:** zusätzliche Maschen stricken.

# Register

## A

Abketten 30 f., 67 ff.
Abkürzungen 58, 95
Abnahmetechniken 77 ff.
Abnehmen 39
Amazing Lace 195
Anstricken von Maschen 43
Ausarbeitung 63

## B

Blenden, 70 ff.
Bündchen 70 ff.

## D

Daumenanschlag 25

## E

Entwerfen 165, 171 ff.

## F

Fadenhaltung 21
Fallmaschen aufnehmen 32 f.
Farben 168 ff.

## G

Garn 14 ff,
Garnstärken 14
Glatt-links 26 f.
Glatt-rechts 29 f.
Grundausstattung 11

## H

Häkelnadel 12
Haussa-Jacke 176
Hilfs- oder Zopfnadeln 12

## I

Intarsientechnik 158

## J

Jacquardmuster 153

## K

Kachelmuster 191
Knöpfe und Knopflöcher 45
Kreuzstichmuster 170

## L

Lochmuster 88, 134 ff.

## M

Maschen anstricken 43
Maschen, linke 28 f.
Maschen, rechte 26 f.
Maschen, rechte und linke 26 ff., 84 f., 100 ff.
Maschen, verschränkte 89, 146 ff.
Maschenanschlag 23, 67 ff.
Maschenprobe 52
Maschenraffer 12
Maschenstich zusammennähen 74 f.
Material 10 ff.

## N

Nadellehre, Nadelmaß 12
Nadelspiel 11, 60 f.
Nadelstärken 13
Naturfasern 16
Noppenmuster 88, 134 f.
Norwegermuster 153

## P

Pompons 51
Projekte
Amazing Lace 195 ff.
Herbst in Belgravia 182 ff.
Herrenpullover mit Reißverschluss 199 ff.
Kachelmuster 191 ff.
Kinderpullover 203 ff.
Pullover mit Blumenmuster 191 ff.
Schultertasche mit Zierlasche 217 ff.
Silberstreifen 209 ff.
Winterpullover 213 ff.
Pullover
für Herren 199 ff.
für Kinder 203 ff.
Winter 213 ff.

## Q

Quasten 50

## R

Reihen, verkürzte 76
Rundstricknadeln 60 f.

## S

Säume 70 ff.
Schlingknoten 23
Schrägoptik 82 f.
Strickmuster und Strickschriften, 56 f.
Stricknadeln halten 22
Strickschriften 90 ff.
Symbole 95 ff.

## T

Tasche mit Zierlasche 217

## V

Verkürzte Reihen 76

## W

Waschen von Strickkleidung 19
Winterpullover 213
Wollnähnadel 12

## Z

Zickzackmuster 82 f.
Zopf- oder Hilfsnadeln 12
Zopfanschlag 24
Zopfmuster 86, 107 ff.
Zubehör 11
Zunahmetechniken 35, 80 ff.
Zusammennähen, im Maschenstich 74